U0331047

大夏书系｜作文教学

教作文有窍门

作家老师的58个建议

（第2版）

崔 蕾／著

华东师范大学出版社

·上海·

四年级 ｜ 从段到篇巧过渡

五年级｜文章升格有秘诀

六年级｜写出新意用妙招

前　言

作文难教，教作文最累——这种想法恐怕是所有语文教师的共识了。因为写好作文不是一朝一夕的事，需要多方面因素的共同作用。个体天赋差异的真实存在，后天积累的"贫富"不均，练习的多寡不同……都是作文教学需要面对的问题。

正因为如此，我们的作文教学才需要更多的实践和思考。然而，现实的情况是，在教学内容上，作文课几乎是空白。很多的作文课，我们的语文教师自己也不知道到底要教什么，只知道作文课要让学生写一篇作文。于是乎，题目一出，要求一列，就让学生写作，在写作方法与技巧的指导上明显不足，学生能不害怕作文吗？能不讨厌作文吗？

"作文到底能不能教？""作文课到底教什么？""作文怎么教？"本身喜爱写作，又从事作文教学二十多年的我，一直在思考着这些问题。

我认为作文是可以教，也是必须教的。虽然很多有写作经验的人说，自己的写作能力不是老师教会的，主要是靠自己从大量阅读中体悟出来的。这话有一定道理，但很多老师没有认真体味到这句话也是对我们作文教学长期无作为的委婉批评，却顺手牵羊地拿来作为"作文不是教会的"的借口。

作文课之所以独立开课，不单纯是为了给学生提供一次写作实践或者展示写作才华的机会。它不是一次作文竞赛，也不是一场作文考试，更不是为了追求张扬个性而天马行空的自由表达。它是根据语文课程安排的要求和学生写作能力的需要来设定的具体课堂，它有明确的教学任务和教学目标。现在的作文教学打着"自由"的旗号，用课外的自由写作来取代课内的严格训练，实际上就是把"写作教学"降低到"自修写作"的原始层面，简单地以为只要我们给了学生自由，他们就能自由，而忽视了学生要达到自由表达的境界是需要经过长期严格的系统训练的基本规律。

作文教学是个复杂的研究领域，学生学习作文，虽无定法，但有规可循。那么，作文课上教什么？我认为主要是两个部分——"找米"和"熬粥"。

我在一些作文公开教学的课堂上，看到不少老师开创了许多新的作文教学形式，努力打开学生的思路，激发学生的写作欲望。但透过这些自由的课堂，发现他们有一个共同的特点——都在帮学生"找米"，都奉行"有米粥自成"的作文教学理念。当然谁都没有为"无米之炊"的能耐，帮助学生"找米"是必要的，但我始终以为，"找米"只是其中一部分。我们要教会孩子学会观察、选取生活中的点滴小事作为作文素材；我们也可以现场"造米"，通过游戏竞赛、实践活动等丰富学生的生活，让他们有话可说，有事可写。

但作文课的教学中心应该是引导学生学会"如何把米做成粥"。"有米自成粥"的学生当然或多或少会有几个，但是大部分学生是"有米难成粥"的。所以，在作文课上，一定要进行写作方法的指导，让学生"课内取法，课外用法"，这才是真正得当、得法的作文训练。

其实写作和游泳一样，教师教给学生的方法要简单易行，不能是高深的写作理论，而学生还要通过自己的实践活动来领会方法。因而，从小学三年级起，学生正式进入习作阶段后，我便根据学生的实际需要，在作文教学过程中适时教给学生一些基本方法，渗透一点写作技巧，如：三年级时给学生弹性框架来整理作文思路，告诉他们把"写清楚"放在第一位；四年级时教会学生描写的"三步骤"，要动用"五官"摄取素材；五年级时指导学生如何点面结合写好场面，让他们学会让叙事有"曲折点"的技巧；六年级时告诉他们如何逆向思维，求异出新，如何用"特写镜头"避免作文"流水账"……这些方法都来自我自己的写作体会，我又根据孩子的年龄特点，深入浅出地在课堂上讲解实践，因而显得简单易行。在小学四年的习作生涯中，学生学得轻松愉快，特别喜欢我的作文课，而他们的写作能力也在潜移默化中逐步提升。

如今，我将自己这些年来在作文教学上的做法和思考，用文字记录下来，是期待着有更多的同仁能与我共同探讨作文教学中规律性的东西，从而更好地培养学生的写作能力，提高学生的写作水平，使写作训练也成为提高学生感受生活、认识生活的能力的重要途径，而我们也可以由衷地感叹一句：教作文原来也可以很轻松！

三年级

轻松起步讲方法

三年级是作文的起步阶段，孩子刚刚迈入习作的门槛，这时，他们积累的词句比较匮乏，生活阅历也不够丰富，而作文的要求又比低年级的"写话"高一个层次。往往还没开始学，不少孩子就已被"作文难啊""到三年级你可要努力啊"等诸如此类的话弄懵了，以致战战兢兢，愈发紧张，愈发写不出好的作文来。

所以，我们不要急于让孩子动笔，而是上一节"作文预备课"，用浅显易懂的方式告诉学生——作文不像你想象的那么难，来，别把作文当回事儿，只要我们把经历的事、看到的景、心里的话，用文字组织起来，写到纸上，形象地告诉别人，这就是写文章了。这样，往往能消解写作的神秘感，使学生处于放松的状态，从而对写作文充满了向往，急切地想进入作文的世界。

我们知道，认识事物的主要途径是观察，只有亲身去接触事物，仔细观察事物，才能获得真实、深刻、细致的第一手资料，写作时才有话可写，写的文章才能真实生动。所以，我一向认为，在习作教学中，我们一定要注重培养学生的观察能力，引导他们做生活中的有心人。而对三年级学生来说，教给他们观察方法主要是指导他们学会有顺序地去观察——或从上到下，或从远及近，或由表及里，或先人后景。在让学生动笔前，边和学生一起观察边指导，教授观察方法，使学生懂得观察的重要性，逐步养成留心周围事物，细致观察的习惯，让眼睛先成为他们收集材料的主要途径。

至于要不要交给学生构段构篇的方法？是让学生随心所欲地写还是给他们一根拐杖？这是不少老师在三年级作文教学中的困惑。在我看来，从低年级只需要写几句话的"写话"过渡到中年级写段为主的"习作"，这个跨度其实很大，孩子非常需要老师的帮助。我们在教学中应该关注学生的需要，可以给孩子一定的范文，让他们有章可循；也应该出示一些"弹性框架"，让孩子能理清习作思路；还可以巧妙地渗透一些写作方法，如送个开头结尾从而领悟谋篇布局的奥妙，教会他们把"写清楚"放在第一位，展示在作文中让"静"物"动"起来的写作妙招……

作文起步，我们要"扶"孩子们一把，降低写作坡度，架设"阶梯"，让学生能"攀"上去，摘着"果子"。有了老师给的框架，孩子就会明确自己该先写什么，再写什么，最后写什么，往里面添砖加瓦。我们的教学重点就围绕怎么把这块砖、那块瓦合理地加进去，加进去之后又如何做到富有艺术性地展开。虽然框架一致，但内容并不千篇一律，就像别墅，外面看起来一样，里面却是各具特色。只有让学生在三年级时把片段写具体，做到条理清晰，结构完整，到了高年级，我们才可以教他们如何谋篇布局，写出新意。

学生完成作文，这并不是我们习作教学的终点。教会学生修改自己的习作，这也是三年级作文教学非常重要的环节。因为对于刚接触作文的孩子，点滴成功，都会激起他们巨大的探求欲望。而信心是每个人的内驱力，一旦有了信心，他们就会知难而进，不断进步。因此，我们要从激励的目的出发，对文中的闪光点，哪怕是一孔之光，都不要吝啬赞美的语言，给予适当点评和充分肯定，从而进一步激发学生们细致观察、勤于写作的兴趣，真正让三年级的作文起步成为"良好的开端，成功的一半"！

1
上一节作文预备课

每到入学季，那些一年级新生就像一群刚出壳的小鸡，叽叽喳喳，对校园的一切都感到特别好奇，但又显得似懂非懂。有经验的老师们总会上一节预备课，和小朋友进行简单的交流，沟通师生感情，同时讲一讲新学期里该准备哪些文具用品，要遵守怎样的学校规定。如此一番，才逐步进入正规的课堂教学。

其实，在我看来，从三年级开始起步的作文教学，也应该上一节预备课。因为这一时期的作文教学是最棘手的，学生积累的知识少、不会行文、句段不分、标点不熟悉、表达不连贯、不会审题、不会立意……可谓全是问题。若是一开始就让孩子动笔写，这样的跨度太大，孩子很难适应，对作文还是一头雾水，根本不知从何下笔。

要想写好作文，首先应该懂得作文是怎么一回事。有些同学把作文看得很难，很神秘，所以一听说要写作文了，就怕得不行，被这种心理支配着，不可能喜欢作文，更不用说写出好文章来了。

所以，一上课，我就在黑板上工工整整写下"作文"二字，问孩子："你们知道什么是作文吗？"一时间，小手如林。虽未正式写过作文，想必以前的老师早有提及，家长也反复强调它的重要性，孩子们对"作文"二字，似乎并不陌生。

一个孩子答："作文就是老师让写的文章。"另一个孩子答："考试要考的，占很多分。"又一个孩子答："作文就是有一个题目，按照题目来写的文章。"……一番交流，你便可以看到，孩子对于"作文"存在着多少认识上的误区，而这些将直接导致学生对写作的兴趣不够，主动性差，从而影响其作文能力的提高。但是，源头在哪里？就在我们这些大人身上，我们又有几个人能准确地说清楚到底什么才是真正的作文？

听完孩子们的一番言论后，我微笑着说："大家说的都有一点道理，但都不够全面。作文其实并不难，也没什么神秘的地方。在日常生活中，我们每天都要接触到、听到、想到许多的人和事。把这些人和事告诉别人，如果用口来讲，就是说话；而用笔来写，那就是作文。可以说，作文就是用笔来说话。平时，你们谁也不会为说话发愁，那么用笔来说话又有什么犯难的呢？"随即，我打开一本书，继续道："瞧，这本书上这个小作者的文章，就可以让更多的人读到他的经历，分享到他的感受，多好呀！"孩子们一听，顿时来了兴致。

"正因为写完的作文是给别人看的，所以我们写作时，要注意些什么呢？"我眨眨眼睛，故意卖个关子。

孩子们开始七嘴八舌地议论起来。一个孩子说："写作文要让别人看得懂自己讲了些什么，要让别人能够读明白。"另一个孩子补充道："还要让别人爱看，要是写得没劲，别人刚读了一段，就跑了。"

这时候，有同学笑出声来，但大家都表示非常赞同。

我顺势引导："是的，写作文既然是为了交流，当然要让别人能看懂，做到语言通顺，这就叫做——写清楚。要让别人爱看，做到绘声绘色，这就是——写生动。"

我把"写清楚""写生动"两个词写在了黑板上，继续问孩子："今天，老师也想写篇作文，就写一写暑假里我去青岛看海的经历，你们希望从我的文章里读到什么？"孩子一听，老师写作文给他们看，顿时来了兴趣，你一言我一语，都表示想看看我笔下大海怎么美，旅游中有哪些乐趣。

我微笑着问："去青岛，我乘了六个小时的汽车，为啥你们不愿意听我说我买了哪些东西做准备，汽车师傅怎么开车的，我在车上看了哪些电影呢？"孩子们叫道："这些没劲，不要听，我们要听重点！"太好了！我立刻就把"有重点"三个字写在黑板上，告诉学生，这也是写作文必须特别注意的一点。

看到孩子们按捺不住的神情，我也不吝笔墨，出示了自己的"下水文"《青岛之行》——

　　暑假，我到青岛去旅游，这是一个旅游者向往的好地方。来到海边，我便迫不及待地穿上泳衣，光着脚丫，向大海跑去。站在海边眺望，大海一望无垠，天和海真像连在一起似的。（看见的）俗话说："大海无风三尺浪。"当我跳进大海里的时候，才真正感受到海浪的力量。海浪由远而近，一个接着一个地向海边袭来，有一米多高。我一会儿被海浪高高托起，一会儿又跌入低谷。若不用力抵挡，就会被冲到海滩上。浪花溅到嘴里咸咸的，打在脸上让你睁不开眼。（做过的）在大海里游泳就像跟海浪搏斗，其乐无穷。（想到的）晚上，凉风习习，我在海滩上散步。晚上的大海更可爱，这里并不静寂，不但有踊跃的"夜游者"，还有许多像我这样悠闲的散步的人。浪花轻轻地拍打着海滩，仿佛唱起小夜曲（听到的），沙滩上留下了我们一串串的脚印。青岛之行让我感受到了大海的魅力，真是让我流连忘返！

"这是老师写的一篇作文，你们来点评一下。"这下，孩子们激动了！"老师，你写了我们感兴趣的部分，并且把大海的特点写生动了！""在文章里，写到了自己看到的、做过的、想到的、听到的内容。""这篇作文先写白天的海，再写晚上的海，我认为写得比较有顺序，读上去比较清楚。"……

学生一一点评，我肯定了他们从中悟出的一些作文之道，接着告诉他们："的确，这就是说话和作文略有不同的地方，平时说话，我们使用的是口头语言，往往是一边想一边说，来不及仔细琢磨，难免有意思不明、层次不清、用词不当、语义重复的情况。不过，说话时出现了这些毛病，容易补救，别人没听明白可以再说一遍，说错了可以立即改正。作文出了这些毛病，就不行了，因为写文章的人不能守在读者的身边，随时改正出现的毛病。所以，写作文要先想好写什么内容、怎样才能写得清楚明白，并且还要使人爱读、爱看，对吗？"学生点点头，若有所悟，虽然他们还没有正式开始写作文，但至少已经知道到底什么是作文，怎样才算是在作文中把话讲清楚了。

在我看来，作文教学的第一课非常重要，它直接影响学生今后的写作兴趣和热情，一定要精心准备，"一炮打响"。上一节作文预备课，让学生了解什么是作文，并从此"死心塌地"地爱上作文，这便是作文教学成功的第一步——有时，甚至是一多半了。

2
弹性框架理思路

对于作文教学，有些老师不得其"法"，便认为作文训练是学生自己的事，因而经常能在作文公开课上听到这样的话："请同学们发挥想象，想怎么写就怎么写。"更有甚者，认为"作文就是玩儿"，习作训练主要靠学生的悟性，很少指点，一味地强调学生多读、多看、多想、多写，至于怎么读、怎么看、怎么想、怎么写，却又不甚了了。

我不完全否定这样的观点。的确，教师如果过多地指导，势必给学生作文的思路和创新造成限制，但这并不是说，指导不重要。特别是对于刚起步学习写作文的三年级孩子，他们就如同一群正要学飞的大雁或是刚学会走路的娃娃，现在就完全放手，他们就能飞能跑了吗？

我认为，作文教学的起始阶段，还是应该注重传授一点作文训练的方法，给学生一点"规矩"，让他们在规矩里成"方圆"。其实，对此古人早有精深的阐述。《周易》里就有"言有序"的话，孔圣人也认为"言之无文，行而不远"。而刘勰在文论巨著《文心雕龙》的"总术"一章中也说："才之能通，必须晓术。"这个"术"，就是写作的法则。

三年级学生当然不可能如成年人一般思路清晰，语言顺畅，所以他们所写的作文在我们看来就显得幼稚或者混乱。我们作为作文启蒙者，自然不能打击他们的积极性，但也要用一种正面的、探讨的方式和他们交流，慢慢让他们的思维变得更"成熟"。我们可以和孩子们探讨，共同拟个框架，比如文章主要从哪几部分来写，每一部分都写什么，要表达什么样的感情或意思，然后让孩子按照这个框架来写。这样，写出的作文在思路上就会清晰很多。

给作文框架的目的是降低写作难度，让初写作文的孩子先"入格"，为的是今后能顺利自然地"出格"。所以，我给的作文框架是有一定弹性的，既能帮助学生们理清作文思路，也可以使学生的作文不至于千篇一律，做到有"框"而不死板。

比如，第一篇习作就是写《假日之旅》。一个暑假，不少孩子都随家长外出旅游，各地风光自然见得不少，也有一些趣事囧事值得一说。每每交流这些素材的时候，孩子总是说得起劲，等落到纸上，却是东一言西一语，要么就是流水账。怎样让他们在作文中突出重点，写出印象最深的旅途风光和个人经历呢？我给他们搭了这样一个框架：

假期，我和_____（谁）一起去_____（什么地方）旅游。_____真是个好地方。瞧，_____，（写一写看到的美景）真让人心旷神怡！于是，我情不自禁地_____。（写一写自己的活动）

这次_____（地点）之行真让我流连忘返！

这样的框架一搭建，孩子就自然而然将作文的"重头戏"放在一处风光景色的描写上，并能着重写一写自己的旅途见闻、活动。而"____真是个好地方"是一个中心句，渗透了围绕中心写具体的要求。不少孩子很快完成了他们的"第一篇"作文。

接下来，是指导孩子学着写自己，题目很是有趣，叫《我的自画像》。仿佛是个小画家给自己临摹一样，但孩子的观察力不够，到最后总是写得"千人一面"——瓜子脸、樱桃嘴、柳叶眉、眼睛赛过黑珍珠……一群小帅哥小美女，读他们的作文，根本分不清谁是谁，而这其实是作文的失败。

怎么办？一个作文框架就这样诞生了——

我是一个聪明可爱的小__孩，今年____岁了，我有一个好听的名字，叫_____。

我个子_____，长着_____，最与众不同的地方是_____，这一下你就会对我过目不忘了。

我最大的特点是_____。不信，瞧！（具体写一个事例）_____

听了我的介绍，你现在已经对我有所了解了吧，你愿意和我交朋友吗？

这样一来，孩子纷纷发掘自己的与众不同之处——有的写自己有一个西瓜太郎的发型，有的写自己脸上有一些俏皮的雀斑，有的写自己一笑起来有两个可爱的酒窝……如此，每个孩子都真正地"画"出了有个性的外貌特点。而"我最大的特点是＿＿＿＿"，则引导孩子抓住自己性格、爱好等方面最突出的一点来写，并通过一件具体的事情，将其写生动。

有的孩子写了自己的爱好——

> 我是名副其实的书呆子。在我的几个书柜里，密密麻麻地摆满了许多书，《中华上下五千年》《十万个为什么》《夏洛的网》《爱的教育》《昆虫记》……我都看过。我有空时看书，没空时也抱着书，就连上厕所也不例外。每次妈妈让我把书放下，我总是说："再看一小会儿！"妈妈常抱怨说："你的一小会儿比一小时还长。"虽然看书并不轻松，但我学到了不少课本上学不到的知识，心里像吃了蜜一样甜！

有的孩子写了自己的特长——

> 我的演讲很棒。记得那次关于感恩的主题演讲比赛，我演讲的题目是《感恩老师》。演讲时有好多同学都看着稿子念，而且还用稿子遮着脸，不敢看评委老师。我可就不同了，把稿子放在一边，面带微笑，胸有成竹，声音抑扬顿挫，还带上手臂的动作。评委老师都说我表现不错，我拿到了第一名的好成绩！

也有的孩子写了自己存在的小毛病——

> 我这个人最大的缺点就是粗心。就拿上次期末考试来说吧，妈妈在前一天晚上就指导我复习，让我一定不要粗心，特别是计算题，要保证完全正确。当时我信心满满，告诉妈妈我一定会考出好的成绩。结果，我看错了题目要求，这下可惨了，才考了八十多分，妈妈虽然也没说什么，可我很难过。哎，这就是粗心造成的后果。

搭建弹性的框架，不仅使初学作文的孩子"言之有序"，更让他们在潜移默化中知晓怎样才算是围绕一个中心写具体。而这，不正是三年级作文教学需要解决的最大问题吗？如此一来，真可谓"四两拨千斤"！

3

送个开头结尾又何妨

　　古人用"凤头、猪肚、豹尾"来比喻文章的结构，说的是文章的开头要像凤头一样漂亮，正文要像猪肚一样饱满，结尾要像豹尾一样有力。因此，写好作文的开头和结尾，是作文教学中不容忽视的问题。

　　三年级的作文训练是由一二年级的"写话"逐步过渡到片段练习的，这时的作文教学就出现了一个颇为尴尬的问题——因为只是片段的训练，不少老师就仅仅指导学生写好片段，让学生围绕一个中心句将段落写具体，不少孩子习惯用"有一次"作为开场白，然后就直接写自己经历的一件事情了，让文章显得有点没头没尾；而有的老师则要求学生在习作中加上开头和结尾，但对于刚刚开始写作的孩子而言，似乎又是拔高了要求，显得有点儿操之过急了。这样说来，三年级的作文要不要写开头和结尾，倒成了一个两难的问题。

　　我大多数时间从事高年段的作文教学，发现不少学生到了五六年级，似乎还是很害怕或是很讨厌写文章的开头结尾。

　　作文课上，有的孩子看到作文题，总是磨蹭半天，为一个开头苦思冥想，动笔艰难。而且，他们的作文开头还存在不少问题，比如：说一些与主体内容无关的绕弯子的话；没有文采，不吸引人；开头过长，造成头重脚轻的局面；只会使用叙述一种表达方式，不会使用修辞，等等。可一旦开了头，尤其是有了一个好的开头后，写起文章来却又是洋洋洒洒、文思如泉、一气呵成。

　　而等到结尾时，有些孩子眼见作文大功告成，结尾就草草了事，真的就成了"虎头蛇尾"。更为糟糕的是，很多孩子习惯在结尾处大呼口号，大表决心，认为这样的结尾才是"振聋发聩"、掷地有声。

　　为什么会出现这样的状况？现在想来，其实是因为在中年段的作文教学中，我们一向把重点放在片段写作的训练上，开头和结尾似乎成了可有可无的附属品。

但是，在我看来，文章的开头就是整篇文章的门面。商店的门面漂亮，就能吸引来很多顾客；文章的开头好了，不仅能带动全篇，使文章的写作思路流畅、顺利地展开，而且能抓住读者，引人入胜。然而，给文章开个好头并不容易，作家高尔基曾说："开头第一句是最难的，好像音乐里的定调一样，往往要费好长时间才能找到它。"

　　成功的结尾能使读者更深入、更透彻地理解文章内容，进一步领会文章的中心思想，能唤起读者的思考与共鸣，增强文章的感染力，结尾当如撞钟，"清音有余"。

　　因此，在中年段的作文教学中，虽然并不要求为文章写开头和结尾，但也不能忽视，毕竟最终是要写完整的篇章的。

　　我的做法是在片段练习时，不妨送一个开头和结尾给孩子，让他们从三年级起，就有"篇章"的意识，这样也不增加孩子们的学习负担。在"赠送"开头和结尾时，我巧妙地根据作文的类型，让开头结尾各不相同、各具特色，从而渗透文章开篇收尾的写作技巧。这样，到了高年段，学生独立完成篇章练习时，就能根据文章的内容与中心的需要，顺利地写出灵动的开头和结尾来。

　　我送过的开头有这样几种：

　　（1）交代事件基本要素式——假期，（谁）带我到（什么地方）去旅游，这是一个旅游者向往的好地方。（《假日之旅》）

　　（2）开门见山直接点题式——教师节到了，我决定自己动手做张贺卡给老师，以表达对老师的感谢。（《做贺卡》）

　　（3）环境描写渲染气氛式——一个夜深人静的夜晚，到处一片漆黑，而书房里却亮着灯光，文具王国里一点儿也不平静。（《文具盒里的故事》）

　　（4）名言警句歌曲引用式——"池塘边的榕树上，知了在声声叫着夏天……"每当哼起《童年》这首歌，我都会忍不住想起小时候发生的那些趣事。（《童年趣事》）

　　（5）设问开场吸引读者式——此时，教室里一片欢腾，到底发生了什么事呢？原来，今天我们班举行了一次别开生面的比赛——桌上拔河。（《桌上拔河》）

　　诸如此类的常见文章开头，让刚刚作文上路的孩子知道文章从哪儿"起笔"，从什么问题写起，正所谓"良好的开头是成功的一半"。

　　我送过的结尾也五花八门：

（1）自然顺畅结果交代式——文具盒是我学习上得力的帮手，我会永远珍惜它，爱护它！（《我的文具盒》）

（2）照应开头首尾呼应式——听了我的介绍，你现在已经对我有所了解了吧，你愿意和我交朋友吗？（《我的自画像》）

（3）画龙点睛全文总结式——从那以后，每当我退缩的时候，我都会想起这一幕。因为我知道，我也很出色！（《我也很出色》）

（4）含蓄深刻启发联想式——所谓"熟能生巧"，大约讲的就是这个道理吧！真盼望下一个课间十分钟的到来，我又可以大显身手啦！（《踢毽子的乐趣》）

（5）直抒胸臆表达感情式——完成这张贺卡，我心里特别高兴。它虽然没有买来的精致、美丽，可它却代表了我对老师的敬爱啊！（《做贺卡》）

俗话说："织衣织裤，贵在开头；编筐编篓，重在收口。"一篇好文章，要有引人入胜的开头，也要有耐人寻味的结尾。对初学写作的小学生来说，这不是一下子就能掌握的，要随着知识的增长，写作水平才能逐步提高。而如果不时收到老师"赠送"的开头和结尾，不仅降低了他们的写作难度，更让他们有所得、有所悟，自然而然地领略文章开头和结尾的妙处，从而顺畅地过渡到篇章的写作，这不正是我们所期待的吗？所以，送个开头结尾又何妨！

4
把"写清楚"放在第一位

　　每到写作文，很多孩子都会问我："老师，这篇文章要写多少字呀？"我总是笑着回答："写清楚就行！"

　　开始时，孩子们都觉得这个要求挺简单，比从前老师规定要写满多少字容易应付。可是，渐渐地他们发现，"上当了！"要写清楚并不是一件容易的事情。

　　一个孩子交上来他的作文本，写了这样一段话，百来字，在他看来自己已经将出去玩的经历写清楚了——

　　　　星期天，妈妈带我出去玩，看见一条不起眼的小河。它清澈见底，我心想：这条河挺干净的，不仔细看还真没发现呢！我又低头看了看，这才发现小河里还有小鱼小虾呢！它还可以让人看见它深处的石头，河底的石头真是千奇百怪呀！

　　这段话中有些语句顺序颠倒，表达得不够清楚。因为在一般情况下，我们总是先看到清澈见底的小河，由此发现河底的石头，接着才留意到水中嬉戏的鱼虾，最后发出感叹，"不仔细看还真没发现呢"。除此之外，"它还可以让人看见它深处的石头"这句话，两个"它"究竟指的是小鱼小虾还是河水？这里指代不明确。你看，要想"写清楚"并不是易如反掌啊！

　　在习作过程中，学生更多的是关注自己写了多少字，认为写够了字数才是好作文；而老师往往喜欢在字数上规定过严，认为字数多的文章才算写具体了。

　　其实，"写清楚"和"写具体"侧重点并不相同。写作教学的"写清楚"指的是把内容写得容易让人了解、辨认；"写具体"指的是把内容写得细一些，写出一些细节来，做到不抽象、不笼统。在我看来，把话"写清楚"应该是作文最基本的要求，把话"写具体"则是进一步的要求。在三年级作文起步阶段，我们更应该把"写清楚"放在第一位，因为它有利于切实打好写作的基础。

当你发现学生的作文有"表述不清"的毛病时，最好的改进办法，其实是一个"笨方法"——先让孩子说清楚，再写清楚。"讲好"是写好第一步要做的工作，讲得不好、不清楚、不生动，这些毛病肯定会在写的时候表现出来。讲，是一种直接的交流，通过讲，会让孩子从对方的反应中明白哪些是生动的、吸引人的，哪些则让人不怎么爱听，因而写时就会有所侧重——对方爱听的多写，不爱听的少写或不写。

每逢要写作文，我总是对学生说："先不着急写，你们先说一下嘛！"让他们个别交流或是互相说说作文思路，好的作文必须经过这样一个如烙饼翻个儿的工序，再落在纸面上，才会清楚明白。

三年级的学生在写"我的同学"之类的作文时，常犯的一个毛病是前后颠倒，说不清楚。于是，我便要求他们先说后写，下面是我和一位学生的对话。

师：这一次你准备写谁？

生：我想写我的同桌。

师：你同桌，可以呀！你怎么看他呢？

生：他成绩很好，是我的偶像。

师：他个头如何？胖瘦程度？

生：他的个子比一般同学高一些，瘦瘦的。

师：那么他的长相，有特别的地方吗？比如，他的眼睛、脸、头发……

生：（沉思）哦，对了！他剃了小平头，带了 400 度的近视眼镜。

师：看上去真有学问！他为什么会成为你的偶像呢？

生：你瞧他整天挺悠闲的，学习时间并不长，但每次考试他都能轻轻松松地拿高分，真是厉害！

师：你能举个例子说明他的"厉害"程度吗？

生：那天，我在做数学作业，有道题目很复杂，我演算了半天也没搞定。他走过来，一会儿就解决了。

师：怎么解决的，一旁的你观察他的神态了吗？

生：他一会儿凝神思考，一会儿伏案打着草稿，突然说："我会了，我来教你吧！"

师：太好了，你能把咱们上面的问答连接在一起写成一段话吗？

生：能！

下面是这位同学的习作：

我的同学

　　新学期，我多了一个新同桌。他的个子比一般同学高一些，身材瘦瘦的，一头乌黑油亮的小平头，透着几分成熟。一双小眼睛藏在400度的眼镜片后面，看上去很有学问的样子。在学习上，同桌是我的偶像。你瞧，他整天悠闲自在的，埋头于书堆里做习题的时间并不长，但每次考试他都能轻轻松松地拿高分，真是让我佩服得五体投地。一天中午，我在做数学作业，有道题目很复杂，我演算了半天也没理出个头绪来，便向同桌请教。只见他一会儿凝神思考，一会儿伏案打着草稿，突然说："我会了，我来教你吧！"他边给我讲解边演算，这真让我刮目相看。

你看，这不是一篇很不错的习作吗？

中年级学习"写清楚"填补了由"写话"到"写具体"之间的一段空白，形成了连续的阶段性目标要求。打好基础，不拔高要求，让学生在"说清楚"的基础上"写清楚"，才可以实现到"写具体"的自然过渡。

5

观察是一种可贵的能力

这天，我从学校食堂旁经过，忽然一股淡淡的香味一下子就黏住了我的脚步。抬眼向那绿叶间望去，挨挨挤挤，密密麻麻，全是黄米粒般的花蕊，小小的桂花就这样悄然绽放。

"揉破黄金万点轻，剪成碧玉叶层层。"桂花一点点、一簇簇、一堆堆，如繁星点点，点缀在那绿色的绒布上。浓郁的花香毫不吝啬地散发出来，陶醉了天空，陶醉了飞鸟，也陶醉了树下驻足观赏的我。望着这满树灿烂，一种柔柔的情怀不由溢满了心底。这是多好的写作素材！不是正打算让孩子写《校园一角》吗？就写校园里的桂花树吧，我为自己的发现感到得意。

兴冲冲地疾步走进教室，教室里也充溢着淡淡的香气，窗口的孩子情不自禁把鼻子凑向窗外，深深地嗅了两下。我笑着问学生："你们留意过学校食堂旁的桂花树吗？那些桂花美吗？"

我认为学生对校园的一切已经相当熟悉，不需要再去观察了。没想到孩子们面面相觑，除了能说出桂花很香外，支支吾吾说不出什么所以然来。也许，这就是所谓的"熟悉的地方没有风景"，正因为日日相见，习以为常，那些本来再熟悉不过的事物，在孩子们眼里，也许还生疏得很呢！

作文时的选材虽然是从长期记忆中提取信息，而这些信息的积累却来源于平时的观察。这就要求学生平时多留心身边的事物，仔细观察这个多彩的世界，写作文时，再从大脑中提取相应的信息，用所学过的语言准确地将之描绘出来。

对三年级学生来说，他们也许比成人会"看"，因为他们对周围的世界充满好奇，似乎可以看到许多成人忽略的细节。但真正的观察不仅仅是"看"，而是一个很复杂的思维过程。它包括用眼看、用耳听、用鼻闻、用舌尝、用手摸、用脚踩……动用全身感知器官，把得到的材料综合起来，通过分析思考和精心筛选，提取最有价值的素材，这才叫观察。

怎么让学生学会观察？当然，方法比结果更重要。因此我不急于带着孩子直接走到桂花树边，而是站在十米开外，远望这一株葱郁的桂花树。我告诉孩子，我们要由远及近地观察桂花树，先从整体感知它的样子。学生充分调动了自己的观察想象能力，有的说桂花树的形状就像一把张开的绿色大伞，有的说桂花树虽然矮小，但枝繁叶茂……

接着，我带学生们到桂花树的面前近处观察，要求他们抓住桂花树的叶片、花色、花形、花香等，一部分一部分去观察。孩子们走近桂花树，仔细地观察起来。他们有的拿自己的手掌去试叶子大小；有的扒开树叶，细瞧那些害羞的"桂花姑娘"；有的用鼻子凑近桂花，嗅了又嗅；有的在风吹过时，感受那一场香气袭人的桂花雨！……

孩子们通过观察，感到自己果真长了见识，看到了平时从未注意过的景象。他们很是兴奋，把自己的新发现用小本子记录下来，作为作文的素材。

两节课后，作文本收上来了，我看到不少优美的语段，几乎每个孩子都有自己独特的感受——

> 远看，桂花树树干笔直，树叶葱绿，它舒展着自己优美的枝条，充满生机。近看，绿叶间一朵朵、一簇簇星星点点的桂花，正羞涩地在树上笑呢！仔细端详，鹅黄色的四个花瓣，中间还有着更深一些的黄色花蕊。花朵儿随风摇曳，好似穿着黄色纱裙的少女在翩翩起舞，真是美不胜收。

> 从远处，你几乎看不到桂花的模样，只能闻到它的香味。走近一看，你会发现桂花的花朵很小，这一朵朵雪白雪白的小花是由四片花瓣组成的，四片花瓣的中间，是一粒粒小米似的淡黄色花蕊。从花蕊中散发出一缕缕沁人心脾的香气，使人感到神清气爽，心旷神怡。

> 远远望去，点缀在绿色中的黄色小花，就像星星在向我们眨眼睛。走近细瞧，几朵芬芳扑鼻的金色小花，簇拥着长在花枝上，藏在叶丛中。一阵秋风吹来，满树的桂花颤动起来，好像跟同学们点头打招呼，还不时飘飘洒洒下起了"桂花雨"，给大树底下铺上了一地金子，这景象别提有多美了。

> 从远处看，小小的桂花躲在密密层层的绿叶中，显得十分害羞。走近

一看，它们一团团，一簇簇，挨挨挤挤，已经开得好不热闹。有的还是绿色的小花苞，像米粒般大小，但看起来饱胀得要破裂似的；有的开出了两三片花瓣，微微露出了花蕊，显得特别娇嫩；还有的花瓣全开了，像一把把金黄的四叶伞，为树叶增添色彩。满树的桂花竞相开放、含笑枝头，散发出浓郁的清香，使整个校园都浸在桂花的香味中。

瞧，孩子们笔下的桂花是如此花香四溢、摇曳多姿，若是没有用心用情地观察，又怎能将校园里的这棵桂花树写活呢？

鲁迅先生就曾说过："学习作文，第一须观察。"我们不要吝惜时间和精力在孩子观察能力的培养上，因为观察是一种可贵的能力，它是获得写作材料的主要途径。我们在平时的作文教学当中，只要能够有意识地渗透观察方法的指导，孩子就会"得法于课堂，运用于课外"，远"观"近"察"，在熟悉的生活中发现另一个有趣的天地，从而给自己的作文提供丰富多彩的鲜活素材。

6

"好词好句"并非万能

　　三年级的孩子过了识字关，就逐步开始大量阅读了，可是这时候他们的作文却并没有随着阅读的增加而出现立竿见影的效果，主要问题出在词汇量匮乏，没有用词意识上。

　　一个家长问我："我家孩子写作文跟记流水账一样，平铺直叙，很少见到有什么优美的句子，读起来空洞又乏味，我们大人看着很着急，怎样让他的作文里有一些好词好句呢？"

　　似乎作文中有了"好词好句"才是"好作文"，这不仅仅是这位家长的个人想法，其实不少语文老师也有这样的想法。在作文起步阶段，就已经有不少老师让孩子准备"采蜜本"。所谓"采蜜本"，就是在学生进行阅读时，要求他们摘抄书中好词佳句的本子。老师们希望通过"采蜜本"达到两个目的：一是督促学生真正地阅读文章；二是帮助学生丰富语言材料，以便写作文时能用上这些"好词好句"。

　　我翻翻学生们的"采蜜本"，不禁发现一个奇怪的现象——本子上虽然记得满满的，但质量却不高。词语基本以四字词语或成语为主，句子几乎是清一色的比喻、拟人。更有甚者，同一个本子，前后有许多积累的好词佳句是完全一样的。看来不少孩子只是为了完成任务，他们根本没有领会"采蜜本"的用途。

　　也有不少孩子为了完成"采蜜"任务，往往走了捷径，买了所谓"小学生好词好句"的专用书籍。随便翻翻其中一本，里面的内容早已分门别类地概括好——比如"好词"，已经被分为人物篇、事件篇、景色篇、想象篇等。在景色篇中，描写天空的词语有"一碧千里、碧海苍天、晴空万里、万里无云"等；描写春天的词语有"满园春色、春光明媚、姹紫嫣红、桃红柳绿"等；而在事件篇中，有一栏是"喜悦的心情"，提供几种好句的模本："这个喜讯使他的眼睛里有了神采，额头和嘴角两旁深深的皱纹里似乎也蓄满笑意，连一举手一投足都渐渐地带上了一种轻快的节奏。""她心里喜滋滋的，脸上带着动人的微笑，像母鸡啄米似的不住地点头。"……

翻到这儿，我不禁有点愕然，难怪学生很难在作文里恰如其分地用上这些所谓的"好词好句"，因为这些词句脱离了真实的语言环境，再好再华丽都不属于孩子自己的语言，就算背得滚瓜烂熟，又有多少是用得上的？更可悲的后果是，许多学生因此养成了严重的依赖心理，不管写什么作文都想抄别人的句子和段落，最终成为"邯郸学步"。

适当摘抄和背诵一些好词好句的确是我们学习写作的好办法，但是"好词好句"并非万能。我们作文的目的，并不是为了把学到的"好词好句"统统塞到自己的文章里去。相反，随意堆砌辞藻，感觉是累赘；用词不当，会闹出笑话；陈词滥调，更嚼之无味。难道一写春天，就必然是"春光明媚，鸟语花香"，北京的春天和海南的春天会一样吗？不管是谁，激动时眼里一定"闪着晶莹的泪花"，爷爷的泪和孩子的泪怎能一般晶莹呢？这样一味追求所谓的"好词好句"，摘抄下来的东西生搬硬套，不能在理解的基础上创造性地运用，孩子的习作就往往变成了呆头呆脑的"八股文"。

其实，并不是不用优美的句子，文章就一定会显得空洞。你看，这个孩子写自己的妈妈——

> 我的妈妈长得很普通，可你若是真的这么形容她，她保准跟你急。妈妈最大的爱好就是逛街，一走进商场，两眼就会放光。她穿着高跟鞋，噔噔噔噔，来来回回，每个专柜、每件衣服都不放过。我作为小跟班，早就累得不行了，可是妈妈却丝毫没有疲惫的感觉，还说这是最好的体育锻炼。试穿了新衣服，妈妈会在镜子前照上三圈，还兴奋地问我美不美。当然，答案又是唯一的，我总是有气无力地回答："非常、非常、非常美！"就盼望她早早买下，好结束这漫长的"运动时光"。

你看，整段话里似乎挑不出一个够分量的"好词"，但是我们读起来却觉得特别有意思：妈妈"一走进商场，两眼就会放光"，"还说这是最好的体育锻炼"，这些明快的口语，我们在生活中不也常常听到吗？轻快、风趣就是这段文字的个性，它使一个个方块字有了灵动的生命力。能用自己的语言准确恰当地表达真实、独特的感受，这才是习作的真正目的呀。

我知道，很多老师强调学生要积累所谓"好词好句"，其本意是希望学生写出更好的作文来，可事实却恰恰相反，脱离了原来语境的词句是没有生命力的，那些死记硬背得来的"好词好句"往往会扼杀学生的创造性，反而成了学生作文水平进一步提高的拦路虎。

在我看来，真正的"好词好句"应该是符合孩子所写的这篇文章的，是准确、形象、富有生命力的。有位同学写作文时，写到一句"屋子里很乱"，这样写肯定是最不生动形象的。如果用上一些"好词好句"，会使作文有"亮点"，如写成"屋子里一片狼藉"或"屋子里乱七八糟"，都能突出屋子里乱的程度来，比最初的表达好了很多，但似乎还不够。而真正的好的语言，是通过描写，具体、生动、形象地再现当时的场景，如"屋子里，那些曾经排列得整整齐齐的书，如今是东倒西歪；钢笔闹起了分家，笔盖还乖乖地留在桌上，而笔却逃到了地上；外套凌乱地搭在椅背上，袖子却懒散地拖在地面……此刻的屋子，乱得都踏不进一只脚"。这么一段话，才真正地把屋子"一片狼藉"的景象描写出来了，比用那些程式化的"好词好句"有着更好的表达效果。

因此，学生最缺的并不是"好词好句"，而是"学会描写"。以会用几个"好词好句"要求学生，永远教不出能写好文章的学生。我们老师首先自己要明白，真正的好词好句，并不是简单的四字词语、古诗名言的堆砌，那些表达准确、描写生动的词句，哪怕它看似普通，都是值得我们赞赏的"好词好句"。

7

用"漫话"的方式写外貌

每次教三年级，一遇到写人的文章，就免不了叮嘱孩子要着力于人物的外貌描写。很多老师会觉得无论自己如何指导、教授孩子方法——抓住人物外貌的特点、按照一定的顺序来描写、用上一定的修辞手法……但交上来的作文里，孩子笔下的人物往往还是长得"千篇一律"——女同学都是圆圆的脸蛋、白皙的皮肤、水汪汪的大眼睛、小巧的嘴巴、中等身材、乌黑的头发；男同学都是高高的或矮矮的个子、板寸头、炯炯有神的小眼睛、能说会道的嘴巴……

你若是将作文退回去让学生修改，他就会觉得无从下笔，总觉得习作方法自己都知道，但是似乎全部用不上——你瞧，大伙儿的脸不都是圆圆的吗？难道还有方方的、三角形的不成？这眼睛不是大大的就是小小的，如果是不大不小的，那就更显示不出人物的特点了。这嘴唇也只能是红红的、薄薄的或厚厚的，总不能是黑黑的嘴唇吧？

要是你搬出名著里的描写让学生欣赏，像"身穿金甲亮堂堂，头戴金冠光映映。手举金箍棒一根，足踏云鞋皆相称。一双怪眼似明星，两耳过肩查又硬"，学生就会很无奈，他也知道这个描写很能展现孙悟空的外形特点，但是自己用不上啊，毕竟身边的人没有长成这样的。要是你举个描写林黛玉的例子，说"两弯似蹙非蹙冒烟眉，一双似泣非泣含露目"的描写极好，可这毕竟是文学大家的文笔，孩子们一拿起笔还是不知道怎么把身边人的外貌写生动。

其实，想要写好人物的外貌，让笔下的主人公活灵活现，是有窍门的。我所做的第一步是让学生先"勾选"要重点描写的部分，让学生在以下选项中挑选三到四个自己要描写的对象最有特点的部分，勾选出来后，再进行重点凸显，这样就可以避免外貌描写面面俱到的问题。

☐身材　☐脸型　☐头发　☐眉毛　☐眼睛　☐鼻子　☐耳朵　☐嘴巴

如果孩子选好了，就可以教他们进行"漫话"式描摹了。"漫话"就是漫谈式的语言，可以让人物的描写不是生硬的，而是富有童趣的，充满生活气息的。

先说身材，如果他是个胖子，可以这么刻画——"爸爸心宽体胖，一举突破200斤，他常常摸着自己那格外引人注目的将军肚，得意地宣称里面是一肚子学问，嘿嘿，欺负我是小孩吗？我早知道，那里头就是脂肪，我偷偷给他取了个绰号'企鹅爸爸'，谁让他一走起路来，就好像企鹅一样摇摇摆摆呢？"如果是个瘦子——"妈妈的身材可谓是麻杆型，就这样，她还常常皱着眉头，说这不能吃那不能吃，卡路里太高，唉，就她那小身板，难道不怕台风来了把她刮走吗？"

如果写脸型，脸大的可以这么形容——"我一直苦闷于自己的脸大，可爸爸以此打趣，对我说：'古时候，美女都是面若银盘的……'我刚一开心，他又补充道，'可惜啊，你是面若银盆！超过盘子数倍喽！'天哪，我还是他亲生的吗？"如果脸小——"妹妹的脸好小，说是巴掌大，那绝对不是我用上了夸张的手法。我要是和她一起自拍，我得闪到三米开外，否则两个脸放在一起简直不成正比啊！"

再说头发，男同学的头发大多是板寸，有的很硬，如同刺猬一般，摸一摸还有点儿扎手。而女同学的发型就比较丰富，班级里有个女生短头发，但是很喜欢在头顶扎一个小辫子，她就在作文里这么形容自己——"妈妈在我的脑袋顶上扎上一个小辫，竖在哪儿，就像一个 WIFI 接收器。"大部分女生都是马尾辫，有同学就如此描绘——"我总是扎着马尾辫，走起路来一摇一晃，如同一匹喝醉了酒的大马在甩动着尾巴。"你看，是不是很形象，很有趣？

要是写眉毛，除了粗细的不同，还可以写一写眉毛的动态——"老师的眉毛会说话，要是你交上去的作业写得乱七八糟，她的眉毛就揪在了一起，像是打了个结；要是你上课回答特别精彩，她的眉毛会在脸上跳动起来，格外欢快。"

如果写眼睛，千万不要用"炯炯有神""水汪汪"这样既概括又老套的词语，可以写一写它与众不同之处——"她的眼睛真是千里眼，有同学在下面做小动作，立刻看得一清二楚，那眼神似乎是把利剑，迅速刺了过去。""哥哥是个小四眼，戴上眼镜，可以装作很有学问的样子；要是忘了戴眼镜，哈哈，他就是瞎子阿炳喽，就算使劲眯缝着眼，都看不清宣传栏上那偌大的字。"

鼻子呢？有的颜色或形状特别——"弟弟鼻子很尖，可能就是这个原因，一到冬天，鼻尖总会被冻得通红。要是感冒了，那完蛋了，鼻子在他用纸巾反复的折磨下，长久地保持着红色，再也恢复不了原状，成为整张脸最显眼的部位。"有的本领很突出——"我的鼻子呀，那可是千里长，还没走进家门，我就能闻到妈妈今天做了什么好菜。用我那鼻子使劲吸一吸，呀，今天烧的是糖醋排骨！进门一瞧，果然猜对了！妈妈刮着我的小鼻子，笑道：'你呀，真是个长鼻子的小馋猫。'"

要是写人物的耳朵，你有没有听说过大耳朵有福？这些生活化的语言就可以放进作文里——"老人们都说，耳朵大有福气，哈哈，这是说我吗？我摸摸自己的大耳朵，觉得正印证了这句话，全家四个老人加上爸爸妈妈都很喜欢我。这不，我想让妈妈添个小妹妹，竟然也梦想成真了！"

要是写人物的嘴巴，也可以不写颜色和嘴型，因为大多数都是红红的、不厚不薄的，你可以写一写它的功能——"妈妈的嘴就像个机关枪，要是数落起我来，毫不留情，就像无数子弹冲我扫射过来，我真是招架不住啊！""姐姐的嘴真是灵巧，一说起话来就如同收音机，叽叽呱呱说个不停，你要是想让她闭嘴，没门！因为这个收音机根本就没有开关！"

如此这般，用孩子的视角观察人物，用生活化的语言进行"漫话"式的描摹，就能让笔下的人物鲜活而接地气，不再脸谱化。如果有同学问，如果一个人外貌平常无奇，一点与众不同的特点都没有，而且自己已经认真观察了，对方就是属于人群中毫不起眼的那一个，怎么办呢？那我会告诉他，"什么特点都没有"有时候就是最大的特点，比如，我小时候就在作文里写道："我的妈妈很普通，没有让人回头多看一眼的特别之处，但在我心目中，她却是最美的。"我的语文老师对此大为赞赏："看似没有进行外貌描写，但却抓住了妈妈外形最大的特点——没有特别之处，又话锋一转，趁势表达了妈妈在孩子心中的美，甚妙！"

外貌描写固然需要我们用文笔去交代人物外在的基本特征，但是那种静态的，像看照片一样交代一遍的写法，读者对人物的印象是模糊的。而且大多数描写词汇，像"瓜子脸""高鼻梁""炯炯有神的大眼睛"因为被广泛使用，就成了普通词汇，甚至是糟糕的词汇了，因为太雷同，人物特点就不鲜明了。因此，教会学生在描写人物外貌时用上这种"漫话"式的笔法，对其特点进行生活化的渲染，那笔下的人物形象就会丰满起来，也更具有生活气息。

8

"活动作文"课该关注什么

生动有趣、设计合理的游戏活动可以打开学生思路，调动生活积累，减少学生习作中"假"的因素。因而，这几年"活动作文"课很受老师们的欢迎，尤其是对于刚开始接触写作的三年级孩子而言，热热闹闹的游戏，能让他们有"米"下"炊"，对作文不再发怵。可是，我却从一节"作文活动"课上，发现了许多值得深思的问题。

一节作文课上，年轻的老师微笑着对同学们说："大家都参加过拔河赛吧？"学生们异口同声地说："参加过！""那好，今天我们就来个桌上拔河赛！谁有尺子？""我有！我有！"孩子们七手八脚地翻着铅笔袋。只见老师选了一把较长的尺子，在中间系了一根红绳，说完比赛规则，教室里就闹腾开了。

等三四轮比赛结束，终于到了习作阶段。老师提出习作要求，让学生写游戏情景，在学生们"刷刷"动笔的时候，我看了一下自己身边一个小家伙的作文，只见他写道——

今天，老师让我们在桌上举行拔河比赛，太新奇了，我们都很激动！

我们这次拔河比赛的赛场是课桌，"拔绳"是直尺。老师要求我们在课桌之间画一条胜负线，把米尺的中心点放在胜负线的中间，食指按在尺子的一端，用力往自己这边拉。

第一局是同桌之间进行的。老师一声令下，我就使出了吃奶的力气。这时，尺子一直往我这边移，把对方气坏了，他怎么用力也没有拔过我。

第二局是赢的人再次对决。老师一声令下，我和另一个获胜者就开始对拉起来。我用力，他也拼命用力，五六分钟后，他赢了，我有点郁闷。

最后的决赛最精彩，两个人拔了好久都不分胜负。最后，冠军被我们班小胖子夺走了，教室里顿时响起了雷鸣般的掌声，同学们都向他投去了敬佩的目光。啊，这个游戏太有趣了！

活动作文教学有时候存在这样一个模式，即"活动—指导—习作"，这样的教学安排使得活动与作文、活动与指导互相脱离。活动的目的是给学生提供素材，但只有素材绝不能写出好文章，如不加以指导，学生只能记流水账——没有重点，缺乏描写，这篇习作的问题便在于此。

在我看来，"活动体验"型作文指导课上的游戏是为习作服务的，它是让学生练习有意的观察，让学生获得独特的情感体验，让学生尝试用语言表达自己的所见所闻的。我们不能仅仅让学生尽情活动，然后提出习作要求，让学生写下活动情景，而应该随着游戏的进展，快速敏锐地捕捉活动过程中习作指导的生发点，或者提问，或者启发诱导，随机地进行生成性的习作指导。

于是，我改造了这一节活动型作文课。为了让学生学会观察，关注细节，我将可描写的画面即时"定格"，引导学生进行描述。

既然是比赛，自然紧张激烈，当我发出"1，2，3，预备——"的口令后，全班同学立刻将两手竖在桌上，用食指尽力按住尺子，正当大家蓄势待发时，我突然"定格"——请孩子们描述老师发出"预备"命令后，教室里有怎样的氛围？自己和同桌的动作是什么样的？这时候自己心里在想些什么？

当一个学生说出"我们的食指都死死地按住尺子，都想获得这一场比赛的胜利"时，我顺势引导："你注意到对方此刻的表情、动作了吗？"孩子答道："对方目不转睛地盯着 20 厘米长的尺子，脸绷得紧紧的，而且涨得通红，一脸着急地等候裁判员的发令。"好！这一描述挺形象，我接着引导观察："你注意到了周围观战同学的反应了吗？"有孩子描述道："这一刻，教室里忽然安静了下来，紧张的比赛氛围让围观的同学们也握紧了拳头，似乎要给选手力量……"

游戏继续，精彩不断……就这样，我在游戏过程中"定格"画面，引导学生关注细节，即时进行口头作文，这一下，习作有了鲜活的感受和语言。孩子们重新完成的作文可圈可点——

我一开始死死地按住尺子，让对方没有可乘之机。只见他鼓着腮帮，两只眼睛直瞪着我的手指。我知道比赛到了最关键的时候，我将全身的力量都集中在两根手指上，鼻尖也沁出了细细的汗珠。对方也寻找着机会，他用手指摇晃起尺子，拔回了几寸，我的心情也越来越紧张了。这时，由于他连续比赛，手上已渗满了汗珠，手指悄悄地向后打着滑。眼睁睁着他正准备将手指挪动一下时，我抓住了这个机会，趁热打铁，猛一发力，尺子不仅拔到了中线，还反超了几寸。啊，我终于赢啦！

进入决赛阶段，教室里弥漫着紧张的气氛，但两个选手似乎都很轻松，只见一个同学用两个手指夹住直尺，脸上一副志在必得的神情。而另一个也不甘示弱，脸上带着必胜的微笑。但是，一声令下，两位"高手"却都不敢轻敌，他们皱紧眉头，目不转睛地盯着桌上的红线，食指和中指紧紧地按着尺子，生怕自己的"城池"落入他人手中。大家都屏息凝神，等待着"历史性"时刻的到来！

你看，在活动中伴随着习作指导，我用随机的"提问""谈话"和"交流"引发学生"观察""想象""描述"。由于学生"亲历"了活动过程，注意观察了人物的神态、动作和语言，自然写起来得心应手，一篇篇行文活泼的作文就此"问世"了，而不再是原来那种"脚踩西瓜皮——写到哪里算哪里"的"流水账"了。

其实，在我看来，"活动作文"课上的活动不是重点，我们的目的是通过预先设定的游戏活动，以模拟的、缩微的、典型的、袖珍的方法让学生懂得怎样去"观察"，什么是"细节"，何时进行"心理描写"，这才是课堂的关键所在！

9

为模仿正名

在近年来的作文研讨会上，我几乎没有听到过老师在公开场合谈"用范文来引导学生写作"的观点，而各级杂志上的作文教学论文也无一例外，几乎都在畅谈学生习作的"自由""个性""创新"。可是，现实的作文教学，尤其是中年段的作文起步教学，老师们运用最多的方式就是模仿。毕竟，从蹒跚学步到健步如飞，从咿呀学语到口若悬河，从一笔一画的临帖到飞笔走龙的书法，孩子的一切学习成果都受益于模仿，何况作文乎？南宋著名理学家朱熹就曾言："古人作文作诗，多是模仿前人而作之，盖学之既久，自然纯熟。"

但是，作文教学能不能提倡模仿，关于这个问题的争论一直没有停止过。反对者认为，这不是在助长"抄袭"之风吗？模仿不会扼杀学生的创造性和自我想象力吗？赞同者则反问，音乐课上，学生通过模仿学会了唱歌弹琴；美术课上，学生通过模仿学会了构图绘画；体育课上，学生通过模仿学会了跑步跨栏；数学课上，学生通过模仿学会了公式运用；作文，为什么就不能模仿？不模仿，孩子表达能力从哪里来？

乍一看，两种意见都有一定的道理，这就使我们的教师特别是新手教师感到困惑，不知从何处下手。让学生模仿习作吧，怕成为变相抄袭，怕今后在孩子们的作品中只能看到别人的影子，而缺少自己的思维；拒绝模仿吧，自己往往又陷入"作文课不知如何上"的迷茫、尴尬境地。其实，这种困惑主要是因为我们简单地认为，"模仿"就是对个性的扼杀，就是创新的天敌，在不知不觉中把"规范"与"个性"、"模仿"与"创新"对立起来了。

我们主张自由表达作文，前提是孩子掌握了众多的写作方法，能够根据需要而自主选择。而写作方法，不是孩子创造的，是他们模仿和积累而来的。从小学生的作文现状来看，大多数学生想象力丰富但语言贫乏，一些孩子心中有话想说，而写出文章来却是语序混乱，毫无重点；还有的学生表达不出来，勉力为之，也是言不及义。"入乎其中"方能"超乎其外"，要想直抒胸臆，下笔成文，关键在于学会作文的表达形式，而这形式的习得，应从模仿而来。

而被很多人诟病的学生模仿的习作千篇一律的现象，这并不是模仿的错，而是我们不懂得如何让学生正确模仿。有的老师为了省时高效，允许学生把语言的具体内容也模仿下来了，所以学生写不出有真实思想的作文来。我们现在重点要解决的问题是，如何让学生在模仿作文形式的同时，不会发生情感的复制，从而避免"假大空"现象的发生。

曾听过一个趣事，老师布置了一个作文题目，要求孩子写一种身边的植物。某位同学第一次写的作文不合格，老师要求重写，这孩子看到同桌写的《西瓜》一文得到老师的表扬，于是，就仿照写出了《北瓜》的作文，完全是照搬照抄。哭笑不得的老师在这篇《北瓜》的作文后面写了一句评语："只知道有西瓜、南瓜、冬瓜，我倒还不知道这世上竟然有北瓜呢！"

其实，这就是作文模仿最常见的误区。学生在模仿时，往往只见范文内容而不见范文的表达形式，常出现仿写范文故事情节甚至情感复制的现象。

我们应该认识到，作文模仿的应该是范文的形式而非内容。当我们细读一篇范文，被文中表现的情感深深打动的时候，我们不是要去复制这种情感，也不是要去模仿营造出这种情感的故事情节，或是去套用表现这种情感的文字，而是要看范文是怎样表达这种情感的，用了怎样的修辞手法，用了什么样的结构形式，如果自己写类似的文章会如何去表达，这些才是我们要重点思考的，也是应教会学生去模仿的。只有明确了这一点，作文教学的模仿才不会步入误区。

那么，如何才能让孩子在学习方法的同时，又避免雷同和套用的现象呢？在我看来，老师不要提供单独的"范文"，而要提供多个"范文"，至少需要两个文本，这两个文本要有一定的共性——要么是谋篇布局相同，要么是语言风格相仿，要么是描写手法类似等，侧重于形式的相同，而内容则各具特色，从而对"应该怎样写"形成一种简练、直观的现身说法。

比如，三年级的孩子特别富有想象力，但是很少有孩子在作文中将这种童趣写出来。我曾给过两个这样的作文片段作为范例——

大家好，我的名字叫企鹅，我来自南极。提到这个，你们肯定会问我怎么能适应寒冷的南极呢？哈哈，我告诉你吧，我的羽毛与鸟类的羽毛可大不一样，羽柄短而宽，羽毛又细又密，呈鳞片状。这些羽毛重叠起来，不但风吹不进，就是海水也浸不透。美慕吧！我还会像小刺猬那样，把身体蜷成一团，在原地赖着不走，这可是撒娇时最好的办法。我的肚皮是白色的，后背是黑色的，我总爱双臂紧贴着身体，走起路来一摇一摆的，像个不倒翁。觉得我可爱吗？那就欢迎大家到南极来做客，你们就会看到我哦！

　　大家好，我的名字叫书包。我是用化纤做成的，个头不算大。我的身体分三层：第一层里面的小伙伴都是小主人的生活用品，如红领巾、手帕，它们都安安静静地躺在我的怀抱里，不吵也不闹，却随时做好准备，等待小主人的征用。第二层里面都是一些活泼好动的小家伙，如毽子、跳绳，我每次都得把"门"关好，否则它们准会迫不及待、争先恐后地"跑"出去，看看外面精彩的世界。第三层是小主人用来放学习用品的地方，如笔袋、书和本子都在这里休息。在学校的时候，小主人一会儿从我的怀里拿出笔袋，一会儿取出语文书，一会儿又翻出练习本，让我忙得不可开交，真想和他抗议。不过，看着小主人好学的模样，我每次都把抗议咽了回去。不知不觉，我已经跟了小主人两年了，我希望能一直成为他的好伙伴。

　　你看，两个片段，内容并不相同，但是它们有一个共同点，就是用了拟人的手法，把文章里的事物写得活灵活现。不必多费口舌讲解，读一读，就可以让学生领悟："哇！原来作文可以这样来写，真是太有趣了！"你若是让学生试着用这样的方式，写一写《玩具们的故事》或是《我心爱的小动物》，他们准能写得妙趣横生，让你忍俊不禁。有时候，我发现孩子并不缺乏生活素材，缺的是用什么办法把这些材料"粘"到一起，即用什么方法把它们有机组合到一起。这时，如果我们能给个范本，等于给学生找到一个容易的切入点，这样学生写起来就比较顺手，时间一长，自然能够激发出他们写作的兴趣。

　　模仿得多了，学生的写作思路也就拓宽了，能够选择和整合不同的作文形式，模仿也就具有了个性。有时，他们也会对以前学过的课文或是读过的范文，在写法方面有了新的体会。这种模仿在整个过程中，都伴随着学生自己的想象力，由此产生的"新的体会"不就是学生创造性的体现吗？而这样的模仿，就已不仅仅是为了模仿而模仿了，而是"自立其法"，这才是模仿的正道。

10

作文也需要"预习"

在阅读教学中，预习已然成为不可缺少的一部分，它的作用不言而喻。其实，我们的作文教学也应倡导学生作前预习。如果作文课上老师常常搞"突然袭击"，要到上课时才亮出作文题目，学生在缺乏生活积累和思想准备的情况下完成作文，不陷入困境才怪呢！

在我看来，从三年级开始，就要让孩子学着进行作文"预习"。那么，预习哪些内容呢？重点在于让学生在作文前学会观察和用心体验。

我们经常在一些作文里看到这样的描写："她长得很漂亮""他非常生气""表演了精彩节目""朗诵了动人的诗篇""会场布置庄严大方""披着节日的盛装"等。我们如果深入问一问：她哪些地方长得漂亮？他生气时是怎么样的？节目精彩在哪里？诗篇是怎样感动听众的？会场是怎样布置的？节日的盛装又是怎么样的？很多孩子很可能回答不出来，因为他没有切身体验，或者是没有细致入微的观察。

所以，在作文前，我总是先引导学生观察相关的景、物、人、事，为学生习作内容的确定做好准备。例如，要让孩子写作文"介绍家乡的一处景物"，课前，我就利用春游的好机会，带领孩子观察烟波浩渺的太湖。为了写好《可爱的小动物》，我则提前一周布置孩子去观察自己喜欢的小动物，从外形、脾气、进食、嬉戏、休息等方面加以关注。

一个孩子写的《小猫"疯"了》的文章，就特别让人捧腹。他写了自己家的小猫玩弹球时种种调皮、疯狂的举动，描写得十分真实生动，不仅让小猫的活泼可爱跃然纸上，更精彩的是写出了自己观察小猫时的心理活动，"像发了神经病一样""我气坏了，真想把它捉来狠狠地揍一顿"等，给文章增添了许多情趣，处处流露出孩童的天真。而这样的片段，若不是学生在动笔前的观察准备，又怎能在课堂上四十分钟内"妙笔生花"？

《美妙的星空》这样的文章更需要作前"预习"。我们班的"小才女"所写的文章刊登在了市级报刊上，她用了一系列形象的比喻，把她的观察所得，形象地描绘了出来。比如，她笔下的月亮"就像一个变化无常的婴儿，时而绷着又胖又圆的小脸，像是生气了，时而弯着小嘴，乐呵呵地笑着；时而又跟大家捉迷藏，偷偷露出半个脸来"。而星星们"仿佛刚刚从银河里洗过澡似的，亮晶晶的，闪烁着点点宝石般的光泽，是那么的迷人"。这个小女孩为什么能把星星和月亮写得这么形象生动呢？她在日记中透露了秘密——"因为老师告诉我们要写一写美妙的星空，所以我对夜空发生了浓厚的兴趣，要知道我还从来没有用心看过夜晚的天空呢。为了看月亮的变化，有时候晚上看不见，我就早上五点爬起来看，悄悄地伏在窗前，直看到东方发白……"真是功夫不负有心人！由此可见，通过耐心而细致的观察生活，进行充分的"预习"，就能更好地抓住事物的特征，记录下真实的内心感受，而这样的作文才是生动的。

而另一种"预习"方式——写前体验，更是学生喜闻乐见的一种作文教学形式。它主要是在课前引导学生开展相关的体验活动，让学生在活动中增加情感体验。如写"有趣的小实验"，我就给孩子们表演了一个有趣的"魔术"——我用手把一种看不见摸不着的"神奇胶水"涂在书上，再把两本被涂过"神奇胶水"的书页，一页一页地互相夹在一起。然后请两个女孩上台把这两本书拉开，对于她们的失败，孩子们很不服气，又推荐了班级里的"大力士"上台。两位"大力士"夸张的表演，引来阵阵笑声，同时大家也对两本书的纹丝不动感到惊奇。我趁势让孩子们描述一下自己看到的情形，并说说此刻内心的想法，孩子们很是兴奋，觉得不吐不快，而这正是动笔的好时机。于是，这趣味盎然的一幕就呈现在了孩子们的笔下——

  一上课，老师就神神秘秘地拿来两本书，说要变一个魔术。同学们听了都很兴奋，纷纷猜想是什么神奇的魔术，瞪大眼睛，注视着。

  魔术开始了！只见老师将两本书抖落着，示意里面没有什么东西。接着在空气中顺手一抓，说取来一瓶神奇的胶水，可以将书粘在一起。老师说这"神奇胶水"是一种看不见摸不着而且无色无味的胶水，她用手把"神奇胶水"涂在书上，同学们交头接耳，都觉得不可思议。只见老师将两本书相对着放，然后一页一页将每两张书页对插在一起，不一会儿，两本书便紧紧地"抱"在了一起。同学们目不转睛地盯着老师，期待着会发生什么神奇的事情。

老师好像看出我们的心思了，说："下面我要请两位同学把书分开。"我们想：那还不是张飞吃豆芽——小菜一碟吗？两个人把书一拉不就开了嘛。于是上来两个女生，抓着两本书的书脊，使劲向后拉，连拉了几下，没有反应。只见她们两个人的脸上微微泛红，两本书还是纹丝不动。她们两个人换个姿势继续拉，动作有点扭曲，脸上越发的红，脖子上的青筋都能微微看到，我们下面的每个人也都屏住呼吸，盯着这两本书，僵持了好久，书还是没有拉开。

大家都觉得，这看上去是个很简单的事，怎么就不行呢，可能是女生力气太小吧。接着，上来两位人高马大的男生，他们各持一本，使出吃奶的尽头，"咿呀咿呀"地叫着，手指也拽得生疼，可两本书依然"生死相依"。下面的加油声是喊破了天，但两位"大力士"还是以失败而告终。

你看，写作前的这个小实验，让学生玩得开心，说得愉快。在活动中，我及时引导学生说出自己的感受，其他学生注意观察、描述、想象，为自由表达、个性习作做好铺垫。而老师、学生适度的夸张表演，便于学生观察，也给学生留下深刻的印象和想象的空间。有了活动的体验，习作内容如活水之源，丰盈不竭。

儿童作家金波曾有一段很精辟的论述，他认为作文不是到了作文课堂上才去想写些什么，作文是一种思维方式，是一种生活积累，是一种审美趣味。写前"预习"，就为学生习作有话可写打好了基础，课堂上再加以老师的引导，学生习作时才会言之有物，笔下生花。

11

寻找"公式"写童话

每个儿童都是天生的童话作家，想象力丰富，从小听着童话故事长大，受到了许多童话故事的浸润和熏陶，都喜欢编童话故事。可是当学生自由创编童话时往往缺乏构思方法，不是童话形象刻画不鲜明，就是故事情节简单，缺少起伏，总是不尽如人意。可以说，学生从阅读童话走向创编童话，思维上有着本质的不同。

数学老师常常会给孩子们一些公式来做题，我告诉学生，想要写好童话故事，我们也可以找到相应的"公式"。编写故事也有公式？他们都觉得不可思议。于是，我就带着学生从课文《一块奶酪》中认识童话的特点，寻找情节的规律，探索其中的写作公式——

设计故事的第一个问题：主人公的"目标"是什么？

为主人公设计一个有趣且合理的目标是编写童话故事的重要开端，它就像一把神奇的钥匙打开了想象的大门。《一块奶酪》的主人公是一群蚂蚁，它们的目标是运送一块一只蚂蚁搬不动的大奶酪，这样的目标就能激起读者的想象——为了实现这个目标，小蚂蚁们在路上会发生怎样有趣的故事呢？

设计故事的第二个问题：主人公遇到了怎样的"阻碍"？

一帆风顺的情节就像一条望得见头的笔直的河流，结局一目了然，但读文章的人就会觉得索然无味，所以好看的故事总是一波三折的，主人公总会在通往目标的路上遇到"阻碍"。在《一块奶酪》中，蚂蚁队长遇到的阻碍是在搬运奶酪的过程中，不小心拽掉了奶酪的一个角，它既不能丢掉，又不能趁机吃掉。此刻，读者的心就会被情节带动，一定很想知道：面对阻碍，它接下来会做些什么呢？

设计故事的第三个问题：主人公如何努力突破"阻碍"？

故事接下来，就会讲主人公如何拼尽全力去试图战胜阻碍，这是引人入胜的部分。在《一块奶酪》中，蚂蚁队长为了不违背禁令，又不想浪费奶酪，它只好下令休息一会儿。

设计故事的第四个问题：此刻的情节如何"转弯"？

随着意外的发生，故事就会来到最动人心弦的转折部分，而最能让人铭记于心的便是这"转弯"的情节。在《一块奶酪》中，蚂蚁队长经过一系列内心斗争后，他又让大家重新聚集到奶酪边。

设计故事的第五个问题：最终的"结局"是什么？

转弯往往和结局紧紧相连，童话的结局往往是美好而幸福的，因为主人公在"目标"里倾注了梦想，通过突破"阻碍"坚定了信念，到了"结局"已获得了成长，从而深深印刻进读者心中。《一块奶酪》的结局是蚂蚁队长让年龄最小的一只蚂蚁吃掉了奶酪渣，最终获得了所有蚂蚁的钦佩。

归纳完这个"故事公式"，就有学生嘀咕，好像《龟兔赛跑》也是用的这个公式。一石激起千层浪，孩子们把这个耳熟能详的童话故事也代入这个"公式"，发现规律真的如出一辙——

目标：乌龟的目标是跑过兔子；

阻碍：乌龟先天不足，跑得慢；

突破：乌龟一直坚持跑；

转弯：兔子三下五除二就遥遥领先，但它骄傲地睡觉了；

结局：乌龟毫不气馁，一直朝着目标前行，竟然跑赢了兔子。

哈哈，这样一个简单的童话故事也遵从了这个古老的讲故事的公式，这让学生对编童话故事有了方向。

很快，孩子们就编写了许多有趣的童话故事，以下展示其中的一篇。

狐狸和猴子的故事

森林中有一条水流湍急的大河，河的中央有一个小岛。小岛上有一棵矮矮的桃树，上面结满了又大又红的桃子。狐狸和猴子看到这红艳艳的桃子，都馋得直流口水。它们都想吃这桃子，于是便一起商量如何到小岛上去。（目标）

这个时候，狐狸灵机一动说："我们可以砍下靠近河边的大树，把它架

在河上做独木桥啊！"猴子也同意他的说法。但是，要想把树砍断，那可不是容易的事情。（阻碍）

猴子想了想说："我去拿把锯，我们一起动手，把大树锯断。"于是，猴子找来锯子，两个人你推我拉开始锯树……半天过去了，树终于倒下，形成了一个独木桥，连接起河两岸。（突破）

可是独木桥太窄了，只能容一个人过去。"我先过去吧！"狐狸提议道，猴子同意了。但当狐狸刚到对岸，就立刻把独木桥推到了河里。原来，它想独自吃掉这一树的桃子。它得意洋洋地对对岸的猴子说："哈哈，现在只有我才能吃到这桃子，你只有流口水的份啦！"（转弯）

猴子愣了一下，笑着说："你虽然吃到了桃子，但你永远回不来了，你就在那里等死吧！"狐狸这下傻眼了，赶紧恳求道："猴子大哥，求求你救救我吧！我一定改过自新，不再吃独食了。"猴子哪里还会再相信狐狸的话，它头也不回地走了。（结局）

瞧，根据"五大问题公式"，一个有趣的童话故事就诞生了。有了这样的写作模式，故事编写也就不再散乱无序了。

当然，童话故事的公式并不是唯一的，我又带孩子们找了《卖火柴的小女孩》中隐藏的结构化表达，让他们和以前学过的《小壁虎借尾巴》《小蝌蚪找妈妈》等进行比较，孩子们很快就发现，这些童话中都有故事情节相似、段落结构相同、语言反复的特点。我告诉他们，像这样运用反复的手法安排故事情节，也是一个写作公式。这下，编故事一下子就变得更简单了。有孩子编写《啄木鸟后悔了》——

啄木鸟今年上三年级了，它最不爱上的就是数学课，每次上课都昏昏欲睡。啄木鸟的妈妈开了一个森林超市。周末到了，妈妈告诉它："今天，我要去照顾外婆，你能帮我看一天超市吗？""当然可以！"啄木鸟拍着胸脯答应了，它觉得看店实在是太容易了。

妈妈刚走，长颈鹿伯伯就来了。它拿了一块蛋糕问道："这块蛋糕多少钱？"啄木鸟想了想说："7 元。"山羊伯伯给了它 10 元钱，啄木鸟愣在那儿，它算不清楚自己应该找给长颈鹿伯伯多少钱。最后还是长颈鹿伯伯告诉它："你应该找我 3 元钱才对。"

长颈鹿伯伯走了没一会儿，兔子女士来了。它要买四条围巾，一条围巾 15 元，啄木鸟又不知道应该收它多少钱了，兔子女士摇摇头说："15 乘以 4 等于 60，你应该收我 60 元钱。"啄木鸟红着脸收下了钱。

兔子女士刚走，啄木鸟的好朋友斑点狗走了进来。它要买 8 颗糖，一颗糖 7 角钱，啄木鸟心算了半天，告诉对方要收 6 元 4 角钱。叮当狗怒气冲冲地说："你胡说，老师教我们背的乘法口诀是七八五十六，咱们平时关系那么好，现在我来你家买东西，你不给我优惠就算了，还多算我的钱。哼，你这个长嘴巴鸟，我要和你绝交！"

啄木鸟也不服气，便嚷嚷着去学校找猴子老师去评理。猴子老师正在批改作业，听完它们俩的争论后，抬手指了指黑板。啄木鸟看到黑板上的乘法口诀，其中就写着"七八五十六"。它顿时哑口无言，惭愧地低下了头。

晚上，妈妈回来后问："孩子，今天当售货员感受怎么样？"啄木鸟不好意思地说："妈妈，今天我才知道数学很重要，我以后一定要好好学习数学。"从那以后，它上数学课总是专心致志，再也不开小差了。

我们可以看到这个故事既与现实巧妙地结合，又用了童话故事的反复手法，让长颈鹿、兔子和斑点狗分别来超市买东西，但啄木鸟因为数学不好，都没准确算出找多少钱，最终明白了要好好学数学的道理。这样的童话故事虽结构类似，却主题集中，能于平淡中见奇。

像这样用"情节反复公式"编童话故事，对于孩子们来说，是相当容易上手的。比如，有孩子写《买快乐》，就设计了这样的思路：啄木鸟大叔开的森林超市，来了位玫瑰花仙子，她想买一些快乐→小乌鸦来了，想要一片玫瑰花瓣做领结，便通过唱歌来换玫瑰花仙子头上红色的花瓣→小熊弟弟来了，想要一朵玫瑰花送给妈妈，它拿出一罐蜂蜜来换玫瑰花仙子裙子上的花→小猴哥哥来了，想要一颗玫瑰花种子去看望外婆，便表演了杂技，得到了玫瑰花种子→玫瑰花仙子接受着大家的善意，也分享着自己的美丽，找到了快乐。像这样，利用反复的公式，行文的结构基本上是一样的，孩子们就能够轻松编出自己感兴趣的童话，避免了表达混乱、情节条理不清的问题。

当然，童话故事的叙述结构除了以上两种，还有对比型、竞赛型、巧合型、误会型等编写法。但是，因为是三年级，孩子们的作文刚刚起步，因而我只是从他们所学的课文和已有的阅读经验入手，教会他们两个相对简单的写作公式。如此，便可以使他们从模仿故事的结构形式出发，搭建构思框架，有的放矢地编写出有趣而又新颖的故事来。

12

就这样爱上了写日记

低年级老师告诉我，从学完汉语拼音开始，孩子们就开始写"一句话日记"了。没有学过的字，学生就用拼音记录，如今到了三年级，算算已经有两年"写作史"了。可我翻翻其中一个孩子的"每日一记"，顿时乐不可支，真的就是"日常记录"——"今天我读了故事的第一章，它讲了……，真有趣！""今天我读了故事的第二章，它讲了……真好玩！""今天我读了故事的第三章，它讲了……真难忘！"一个月的日记，竟然是将一本书的内容分解着记了下来。

到了三年级，写日记成为刚性要求，因为统编版的教材中有相关的习作内容。写日记是对生活的记录，对经历的复盘，坚持写日记，既可以培养孩子对生活的观察力，又能帮助孩子积累写作素材，提升孩子的写作能力，可谓益处多多。可是，让学生正儿八经写日记，难不难？肯定难。在我看来，它的难不是把日记的格式写对，而是让学生爱上写日记，养成坚持的好习惯，并且让写日记这件事变得有意思，学会记录一天中发生的最难忘的场景，而不是记录日常生活的流水账。

作为一个写作爱好者，我从小学三年级起到现在，几乎没有中断过写日记的习惯，我不一定每天都写，但会对印象比较深的事情或感触主动记录。从小时候记在本子、便笺纸上，到后来用电子文档记到电脑里，写日记这个事情对我其实产生了很大的影响，它让我成为了一个非常好的复盘者，也为自己后来的写作积累了不少素材。因此，在教给孩子写日记的方法之前，能让他们形成爱记录的习惯，真正发自内心地爱上写日记这件事，我觉得这是最重要的。

我在教学生《学写日记》这一篇作文时，先让他们看了一档节目——《最强大脑》的片段，那些记忆力超强的选手让孩子们佩服不已。这时，我就卖了个关子："你们知道吗？站在你们面前的崔老师就是一位'最强大脑'。"学生们立刻露出一幅不可思议的表情，以为我在说大话。

我笑眯眯地问："今天，我想认识一下咱们班上的最强大脑，谁的记忆力最好？"这时，学生就会推荐一个记忆力最好的同学，我走上前和他握握手，要跟他举行一场"最强大脑 PK 赛"。"你还记得昨天发生的事吗，哪一件印象最深，能说说吗？"我的问题完全难不倒这个孩子，当他回答之后，我又追问："去年的今天发生过什么事情，你还记得吗？"这下，孩子迷茫了，完全想不起一年前的今天发生了什么。此刻，我便得意地宣布："老师还记得三十多年前发生的事情呢！——1987 年 7 月 19 日，这一天天气晴好，我在爸爸的单位门口发现了一种神奇的植物，叫喔喔草，只要把它放在纸上，对着它'喔喔'一叫，这草就会跑动起来呢！你们觉得老师的记忆力怎样？"

瞬间，班级里像炸开了锅，孩子们都觉得难以置信。"为什么老师能将这些有趣的小事记得这么清楚？猜猜看！"孩子们你一言我一语，猜想了一堆答案，此时，我慢悠悠地揭晓谜底："其实，老师也没有那么厉害的记忆力，只是我在和你们一样大的时候，就有一个好习惯，那就是——写日记。"

我拿出自己三十多年前的日记本，给孩子们展示："瞧，这就是老师的日记本。翻开这本日记本，就可以回顾童年时代发生过的许多有趣的事情。你看，7 月 19 日这天，我就记着这件有趣的小事，如果没有这篇日记，这个乐趣也只能埋在我的心里，没人和我一起分享，那多么可惜啊！如果我不把这个经历写下来，没有这篇日记，时间长了也就忘记了，那又多么可惜啊！所以，写日记是一个很好的习惯。今天我们就一起来学写日记，好吗？"

这一刻，孩子们的眼睛亮亮的，他们完全没想到，写日记竟然是老师多年来最喜欢做的事情。他们兴趣盎然地走进当天的学习内容，发现日记有自己独特的格式——不加标题，日记的第一行要写上某月某日、星期几以及天气情况，然后再写正文。

日记可以写哪些内容呢？我告诉学生，只要是当天看到的、听到的、想到的事都可以写进日记里。这一刻，我让孩子们闭上眼睛，想想今天发生了什么，其中有没有自己觉得挺有意思、值得写下来的事情。有孩子立刻想到，刚才老师和班级的记忆高手举行的"最强大脑 PK 赛"，这是新鲜出炉的趣事，又是亲身经历，孩子们回忆着刚才的场景，交流得很精彩。我告诉他们，如果把刚才说的写下来，那就是一篇很好的日记了。就这样，教室里静悄悄的，笔尖飞舞，孩子们

第一篇正式的日记就诞生了。

最有意思的是，这节课我在同年级的其他班也上过，有一天，我妈在翻报纸，忽然在当地的晚报上看到一个孩子的习作，讲述了学写日记的经历，她发现其中的老师如此像我。我拿过报纸一看，竟然是隔壁班一位五年级孩子的习作，她回忆了我当年教他们写日记的情景——

> 那天，我们语文课上来了位新老师，她给我们上了一节有趣的作文课。
> 一开始，她就对我们班的"最强大脑"小王同学发起了挑战。老师笑眯眯地问他："你还记得昨天发生的有趣的事情吗？"小王同学胸有成竹地说出了自己的答案。没想到，老师又问："那你还记得去年今天发生过什么事情呢？"这一下，可把他难倒了。老师却不紧不慢地说出了她三十多年前这一天发生的事情：1987 年 7 月 19 日，这一天天气晴好，她在爸爸的单位门口发现了一种神奇的植物，叫喔喔草，只要把它放在纸上，对着它"喔喔"一叫，它就会跑动呢！
> 这可把我们惊呆了！天哪，老师怎么这么厉害，居然能记得这么久远的事！后来老师揭开了谜底，原来她在读三年级的时候，就养成了记日记的习惯，这个好习惯帮助她记录下了每天发生的有意思的事情。她给我们展示了那本三十多年前的日记本，鼓励我们也养成坚持写日记的好习惯，这让我们佩服不已。
> 老师教会了我们日记的格式，也让我对写日记充满了兴趣。从这节课之后，我就开始了我的日记之旅，也记下每天发生的那些难忘的点点滴滴。

你看，时隔两年，这个孩子依然记得这节课，也从那节课开始爱上了写日记，这怎不让人激动、欣慰？兴趣是最好的老师，而坚持是最好的见证，没有什么比老师的现身说法更能让孩子接受"写日记是一件特别有意义的事"这一观点。

后来我又用一节课和孩子们讨论、分享日记素材的来源。我拿我儿子举例子，他也是刚开始写日记时，为没有合适的素材而感到痛苦。周末，我就带他去公园玩，一出门就乘坐了双层公共汽车，第一次乘坐在汽车上层，有一种居高临下的感觉，他望着窗外的风景惊叹着，我告诉他这是第一个日记素材——"乘坐双层巴士真新鲜"；一到公园，就看见菊花展，每一朵菊花各有各的姿态，有的像妈妈头上的卷发，又的像浪花朵朵，他边欣赏边赞叹，我告诉他这是第二个日记素材——"盛开的菊花真美丽"；随后，我们又到映山湖去划船，湖面波光粼粼，船儿是鸭子的形状，在水面上摇摇摆摆，我们欣赏着湖光山色，感受着凉风习习，别提有多惬意了，我告诉他这是第三个日记素材——"湖中划船多美妙"……

就这样，一路走一路玩，积累了一堆可写的素材。回家的路上，正巧看见路边的树上竟然挂着药水，像人一般在打点滴，我刚想开口，儿子就激动地说："这也是写日记的素材——大树竟然也要'吊水'，真稀奇！"你看，只要教会孩子在生活中观察、在生活中发现，那么，写日记的素材是无穷无尽的。

第二天，我因为征文得了奖，得到了一个无风叶的电扇，我儿子立刻叫道："日记素材来喽——今天我写'与众不同的电扇'。"结果，刚用了一天，这个电扇突然冒起黑烟，烧坏了，我气得要拿去更换，儿子又叫道："日记素材又来喽——今天我写电扇坏了，妈妈去维权！"这下，我笑得前仰后合。是啊，翻开生活这本书，有多少有意思的事情值得记录啊！

在我这么接地气的分享中，孩子们恍然大悟，明白了"万物皆可入日记"。一下子，日记内容鲜活起来了。

有的孩子记录了植物的变化——

我家的观音莲就像朵绿色的莲花，稍稍合拢的叶片挺立着，十分美观。每天老师都要给它浇水，然后摆放在教室的窗台上。一天阳光强烈，我发现观音莲竟斜向了一边，以为它生病了，就叫老师过来，可老师只是把花盆转了个方向就走了。第二天，我又迫不及待地去看观音莲，只见它竟依然朝着窗外斜着，真奇怪啊！我带着好奇心，像老师那样也把花盆转了 180 度。我特意隔了两天后再去看，观音莲的小脑袋还是奇迹般地又转了回去。这是怎么回事呢？我百思不得其解，便翻开了《植物奥秘问答》这本书，仔细地查找答案。书上说："很多植物都有向光性，它们喜欢朝着太阳的一侧生长，让叶子尽量处于吸收光能的最适合位置，进行光合作用。"原来观音莲是喜欢阳光的，所以它们才总是把头转向阳光的方向啊！

有的孩子记录了动物的可爱——

平常，乌龟伸出三角形的头，瞪着它那又小又圆的小眼睛，东瞧瞧，西望望。如果感觉遇到了危险，它就把头和四肢都缩到壳里去了，谁也奈何不了它。在给它喂食时如果放一些龟食，它一般先不吃，等观察周围确定一切安全之后，才肯伸出脑袋，张开嘴，猛地将美食吞进肚子，然后又恢复到戒备的状态。这真是个有警惕心的小家伙！

有的同学写了自己第一次登台的感受——

讲故事大赛终于开始了，这天，我怀着紧张的心情来到了青少年活动中心。在赛场外，只见一个工作人员手端一个抽签箱，我抽了一个打开一看——第一个，我吓了一跳，心中的石头一下子又重了几斤。比赛马上要开始了，我的手不知道该放在哪里了，不停地抓自己的裤子。妈妈鼓励我，叫我别紧张。我一步一步走上了台，觉得自己就像个机器人。啊！灯光真刺眼，台下的观众真多。我手脚不停地发抖，接过话筒，在全场观众的注视下，吞吞吐吐地讲了起来。哎呀！拿着话筒说话真不方便，发出的声音真怪呀！我担心极了，怕自己讲不好，头上的冷汗一滴一滴往下掉。忘了台词怎么办？讲不好怎么办？会不会在大众面前丢脸呢？我心中慌乱极了，讲话的声音也越来越轻，故事的情节也被打乱了，好几个地方卡住了，只觉得时间过得好慢……

就这样，日记见证了很多学生的进步——语言表达的进步，生活感受力的增强，甚至思辨能力也提升了。作为语文老师，教会学生如何写日记不难，但要让孩子真正爱上写日记，学会发现生活中有意思的细节，这才是最重要的。因为只有这样，才能让写日记成为和自己的人生对话的过程，而不仅仅是作文本上的一次作业。

13

让"静"物"动"起来的妙招

状物作文能够培养和提高孩子们观察事物、认识事物的能力。生活中有许多静物会被我们写进作文——比如一个文具盒，一盏台灯，一个苹果，等等。但是有些同学笔下的静物特别"安静"——平淡乏味，没有生气。如何指导他们把作文中的"静"物写"活"呢？

这节作文课上，我让孩子摆出自己的文具盒，问道："文具盒同学们每天都会用到，那么看到文具盒大家会想到什么呢？"

一个孩子回答道："它是用来摆放文具的。"另一个孩子补充："它可以让我的铅笔、尺子、橡皮、铅芯都摆放得比较有秩序。"

"还有吗？"我继续追问。孩子们觉得，文具盒就这点作用，似乎也没有什么可以值得说一说的了。

"同学们说出了文具盒这个物品的作用，但是在你们的描述中，一点也没有生命力，老师可以让它'活'起来，你们相信吗？"我故意卖了个关子。

孩子们看着我，觉得不可思议。

于是，我拿起一个孩子的文具盒，眨眨眼睛说道："那你们就听我给你们介绍这个文具盒——你瞧，这个文具盒是长方形的，它穿着银白色的外套。文具盒的正上面有两只活泼可爱的小熊，长着一双圆溜溜的眼睛，身穿一件黑色的上衣，一张小嘴笑起来是那么可爱。文具盒不仅外表漂亮，里面还住着一个和睦相处的大家庭呢！打开文具盒，就可以看到它是一只可以折叠的三层文具盒，好像是一座三层楼的楼房。第一层住着直爽的铅笔和活泼的橡皮，第二层住着快乐的水笔和沉默的直尺，第三层住着锋利的卷笔刀。它们个个整装待发，当我准备写作文时，自动铅笔急急忙忙从位置上跑出来，钻进我的手里，让我轻松完成各项作业。当我写错字的时候，橡皮会高兴地跳出来说：'小主人，我来帮你。'不一会儿，橡皮会把错的地方擦得干干净净。当铅笔粗了的时候，卷笔刀就会张开'大嘴'，用锋利的'牙齿'把铅笔削细。文具盒身负重任，总能为我照顾好这些文具用品，是一位称职的'保管员'。"

孩子们静静地听着，我随即又问道："你们觉得，这样描述，文具盒是不是'活'了？"学生纷纷点头。

"那老师是怎么让一个'静'物'动'起来的呢？"

孩子们开始寻找方法，有的说："老师把文具盒当成人了，比如，它穿着银白色的外套，是一位称职的'保管员'。"有的说："那是因为铅笔、橡皮、尺子等文具用品都开口说话了。"还有的说："老师为这些文具用品都加上了动作，它们都会跑会跳。"

我点点头，肯定了他们的发现，并总结道："让'静'物'动'起来需要一定的描写技巧，我们可以这样做——让静物有人的模样，就是借用人物描写的方法，把静物的外在形态化写成人的身材、打扮等。这样写静物，会给人以亲切的感觉，会让静物活生生地站在我们的面前。静物之所以'静'，是因为我们没有给它加上'动作'，所以我们可以用一些动词让它活动起来，这样，它的形象就会惟妙惟肖。我们还可以让静物开口说话，如果你愿意细心倾听，那么一定听得出每一件物品说的话。"

我让孩子们试试看，让自己的文具用品"活"起来——

> 文具盒里躺着穿五彩裙的铅笔姐姐、细滑的水笔、直爽的钢笔、软软的橡皮和笔直的长尺。别看它们平时沉默寡言，可是当我需要帮助的时候，它们都会很热情地来帮助我。
>
> 一支自动铅笔静静地靠在钢笔的身边，仿佛在等待着我的重用。
>
> 瞧，一个身材矮小的橡皮躲在角落里，它向来那么本分，那么规矩，是"兄弟姐妹们"最喜欢的伙伴。
>
> 如果我写错字，橡皮就会从铅笔盒里爬出来，它好像在说："小主人，让我来吧。"它在错字上跳了一段舞，错字就不见了。
>
> 文具家族的成员从没吵过嘴，也没红过脸，它们时刻都牢记着自己的职责，共同为我的学习服务。

孩子们通过想象、联想，用上了一些修辞手法，把无生命的文具用品当作人来写，写出了其动态与感情，这样的语言多么生动形象。

给静物以人的身材、打扮，为它加上"动作"，让它开口"说话"，掌握了这个小窍门后，让"静"物"活"起来，对孩子们而言，就不再是什么难事了。快来看看他们在后一周写的水果吧——

我爱香蕉

香蕉喜欢交朋友，瞧，一串香蕉往往有十来只呢！它们靠在一起，你挨着我，我挨着你，好像是团结的小士兵。掰开一个香蕉仔细瞧，它外形弯弯的，像月牙，像小船，还像一座拱桥。不成熟的香蕉穿着黄绿色的"婴儿服"，成熟的香蕉则穿着"黄西服"。你可别把香蕉长时间放着哦！因为，它会"变魔术"——起先，它的"脸"上会长满"黑斑"，到最后，它就会全身发黑，十分难看。

我爱草莓

在水果王国中，我最喜欢的就是草莓了。夏天，草莓成熟了。红彤彤的草莓长在地里，像是一张第一次到城市里的小姑娘涨红的脸，害羞地隐藏在枝叶的后面，睁着一双好奇的大眼睛，仔细地打量着周围的世界。拿起一个草莓仔细端详，它是椭圆形的，有鸡心那么大。熟透的草莓呈深红色，好像一颗红色油亮的玛瑙。它的头上还戴着一顶绿色的小帽子，那是点缀它的叶片。身上长着芝麻粒似的小籽，隐隐约约密布着小毛，给草莓的外形增添了一份别致。

一番描绘，孩子们笔下的这些水果立刻有了鲜活的形象，并取得富有动感的效果，读来真是形神兼备、富有童趣呀！

教会学生如何将"静"物写"活"的小窍门，就可以让静静的物品透过文字，活灵活现地展现在读者面前，这就是我们状物作文教学追求的目标！

14

为什么要写好"总分式"的段落

在高年级的作文批改过程中，总有老师抱怨学生的作文存在着句子散乱、结构模糊、缺乏中心等问题。在我看来，产生这些问题的很重要的一个原因在于，教师在作文教学中没有整体的计划性，对学生的写作能力训练缺乏层递性，尤其是在作文起步阶段对段落的写作训练关注不够。

段落组织得不好，即使单个句子写得再好，也不能表达完整的意思。因为段落是介于句子与篇章之间构成文章的基本单位，是由词句转向篇章的重要环节。一篇文章就是根据思想表达的层次，连句成段，缀段成篇，最终完成全篇中心思想的表达。

三年级上学期的重要任务是实现从"句"到"段"的过渡，四年级下学期的重点则是从"段"到"篇"的过渡，在这期间我总是把指导学生写好"总分式"的段落放在首位。这是因为"总分式"的段与篇多有共同点：一是"总分式"段落构成形式有"总—分""总—分—总""分—总"等，这也正是构成篇的基本形式；二是"总分式"段落的总起（结）句就是明确的中心，分述部分就是围绕中心写作的具体内容，且一层一层叙述描写，恰恰是小学写作的基本要求；三是在写作能力的培养上，训练写段与训练写篇基本相同。例如：出示总述句——相当于命题；读懂总述句——相当于审题；确定中心句——相当于立意；围绕总述句——相当于选材；突出中心句——相当于剪裁。

由此可见，"总分式"的段落可以说是篇的基础、雏形。中年级突出"总分式"段落训练，是顺利实现篇章写作的一个桥梁。

对于"总分式"的段落，学生一开始对这种结构的概念是模糊的，所以在练笔前要先向学生进行分析讲述。统编版三年级上册教材中学生接触最多的是"总分式"段落，于是我就充分利用手中的文本资源，例如《海滨小城》的文后习题要求："有些句子很重要，可以帮助理解一段话的意思，你能从课文中找出来吗？"学生边读边找，很快就找到了"小城的每一个庭院都栽了很多树""小城的公园更美""小城的街道也美"等句子，而且它们都在段首。接着，我启发学生思考第一句和后面的句子之间是什么样的关系。学生有的说："像组长与成员一样。"有的说："第一句就像个领头的，后面都是他的队员。"……接着我总结："第一句话直接写出了这一自然段的意思，我们把这样的句子叫作中心句。围绕中心句，作者又从多个方面，具体写了小城庭院、公园和街道的美。第一句与后面几句话的关系就是总分关系，这样的段式结构我们叫它'总分段式'，以后大家写作文也可用这样的方法来写。"

然后，趁热打铁，我让学生模仿这一构段方式围绕"活动课上，操场真热闹啊！"写一段话。一开始，学生受二年级写话的影响，说得较为简单："活动课上，操场真热闹啊！同学们有的在踢毽子，有的在跳绳，还有的在拔河……"于是，我引导学生："你能给大家描述一下其中的一个活动情景吗？"这一提醒，激活了大家的思维，学生们调动已有的生活体验，畅所欲言，不断补充完善，再现了活动课上的欢乐情景。就这样，第一个精彩的总分段落在孩子们的合作中完成了——

> 活动课时，操场上真热闹啊！同学们有的在踢毽子，上下翻飞的毽子好像一只快乐的小鸟，好看极了；有的同学在跳绳，绳子甩得"啪啪"直响，可每个同学都灵巧地穿了过去。最有意思的是拔河比赛，裁判员一声令下，同学们都使劲地向自己这边拉，旁边的啦啦队大声喊着在为他们加油。

先品析、感悟精彩段落的构段方式，再引导学生结合自己的生活进行仿写练习，使读写训练落到实处，这只是训练的第一步。之后，逐步过渡到只给总起句，让学生围绕总起句写作。然后，适当增加一些难度，给出写作范围的提示让学生写。在此基础上，再增加些难度，让学生自己定中心选内容写作，以逐步完成由段及篇的过渡训练。

例一：出示总起句"水果店里的水果真丰富啊！"，要求根据总起句将水果店水果的丰富写具体。（给出总起句，难度指数★★）

> 水果店里的水果真丰富啊！有像小船般的香蕉，金黄金黄的，闻起来香喷喷的，吃在嘴里甜中带着一点点涩味。苹果像红通通的小脸蛋，咬一

口又甜又脆。西瓜像圆圆的小皮球，它的表面长着深绿色的花纹，好看极了！西瓜肉鲜红鲜红的，很诱人，吃起来是那么的凉爽、可口！那边还有石榴，黄澄澄的，剥开皮，一颗一颗粉红色的果肉，亮晶晶的，像一颗颗钻石一样，味道又酸又甜！

例二：写一写节日里商店的热闹景象，要围绕一个中心写具体。（给出写作范围的提示，难度指数★★★）

　　节日里的商店真热闹啊！商场门口，进进出出的人好多呀！三五成群的姑娘们挽着手，嘻嘻哈哈地走进商场；父母带着孩子有说有笑地走进商场；提着大包小包的顾客，脸上带着笑容走出商场。走进商场，商场里的商品琳琅满目，柜台里的商品整齐地摆放着，自动扶梯上的人上上下下，川流不息；收银台前的顾客手里拿着单子，排着队等着收款；化妆品柜台前，女孩子在挑选询问着，营业员耐心介绍着；服装鞋帽柜前，人们挑选着自己喜欢的商品，有人在试穿选中的衣服，营业员在一旁细心介绍着；家电柜台前，展示用的电视机里播放着电视节目，顾客们驻足观看，不时评论着……

例三：题目：最_____的时刻。先把题目补充完整，围绕这个题目写一个片段。（自己定中心选内容写作，难度指数★★★★）

　　爸爸回来，是我们全家最开心的时刻了。看，妈妈在厨房里做爸爸最喜欢的菜，有新鲜美味的鲫鱼汤，有色香味俱全的木耳虾仁炒西芹，还有香喷喷的炒鸡蛋。就算妈妈忙得满头大汗，脸上都是笑眯眯的。我当然要先扑到爸爸的怀里撒娇一阵子，摸摸爸爸的"将军肚"有没有增大。然后就要爸爸陪我写作业，就算我会做的题，我也会假装说："爸，我不懂。"嘻嘻，谁叫爸爸很少回家呢。

　　这个片段，小作者选择以"开心"为中心内容，下面分别写"妈妈做饭开心""爸爸陪我写作业开心"。这两个层次都紧扣中心，从而具体写明"开心"的感受。
　　这种清晰、系统的段落写作系列训练，能使学生理解和掌握段落的基本展开方法，从而提高学生的段落写作能力。掌握了总分法，在作文中是大有用场的。写景、状物、写人、记事，凡是需要对事物状况、情景、特点以总的概括，给读者以集中的印象，同时又让读者了解某事物的特点具体表现在哪些方面，就可用总分法进行构思，安排顺序，形成文字。这样写的好处是思路清晰、结构严谨，既有"筋骨"，又有"皮肉"。看看下面这篇习作——

我爱我家

家是一个温馨的乐园，家是爱的港湾。我家由幽默的爸爸、勤劳能干的妈妈和粗心的我组成。

我有一个幽默的爸爸。爸爸生日那天，妈妈忙碌了一整天，烧了一桌好吃的菜肴，终于可以吃饭了。吃着吃着，妈妈说："今天我忙了一整天，你们难道不夸我几句？"爸爸赶紧说："好了，好了，那我马上写一封表扬信，贴在小区门口，这样来来往往的人都会夸奖你啦！"这时我们全家都笑翻了，老妈更是笑得前俯后仰，早把抱怨抛在了脑后。

我有一个勤劳能干的妈妈。有一天早上，睡意正浓的我被一阵锅碗瓢盆声吵醒了，我披上衣服走出去，只见妈妈正在厨房里埋头苦干，精心准备我的早餐。我走进厨房，对妈妈说："才六点钟呢！那么早起床准备早饭干吗呀？"妈妈慢条斯理地说："妈妈知道你喜欢吃炒年糕，但做起来比较复杂，要洗青菜、切年糕、剥冬笋、切肉丝，一道道工序挺多的，不早点起床，怕赶不及你上学。"这一刻，我感动极了，妈妈的勤快都是浓浓的爱呀！

当然还有一个粗心的我。那次帮妈妈洗衣服，我认真地调整洗衣机的程序，还以为不会出错呢！等到衣服洗好了，就听到妈妈说："哎，洗衣机洗的就是不干净，还是手洗的比较干净。"我突然想起来自己根本没放洗衣粉，顿时脸红了，真是个"马大哈"呀！

这就是我家，一个充满温暖和快乐的家，我为有这样一个家而自豪，我爱我家！

这篇文章就是具体的"段"形成了完整的"篇"。段落的写作练习缩小了从句子到文章的距离，减小了写作的难度，为写好文章奠定了基础。

我们进行段落训练的最终目标是使学生能够根据不同的文体要求，缀段成篇，表达完整的意思。重视"总分段"的训练，这既是层次上由少到多、篇幅上由单薄到丰厚，更是内容上逐渐丰富和完善、意旨上逐渐丰满和深刻的过程。因此，这个环节不容小觑。

15

"批"和"改"是两个概念

我们学校的语文老师间流传着一个段子——"这世上最痛苦的事是批作文，比这更痛苦的事是这周的作文还没批完，下周的作文又来了！"

毫不夸张地说，批作文几乎是所有语文教师最费时、费力、费神的工作。大多数学校都要求老师对学生的作文"精批细改"，认为批得越精、改得越细，对学生帮助就越大。很多老师都锻炼出了一种习惯成自然的"积习"——看到学生的作文，就忍不住拿出红笔，就像医生拿着手术刀，开始大动干戈，想着要怎样快些铺满自己"耕耘"的痕迹。从错别字到布局谋篇，一字一句，毫不放过，只求旁批、尾批、眉批齐全，直到把自己改到头昏脑涨、心烦意乱。

其实，我很不赞同这样"事倍功半"的做法。老师既要"批"——自己发现问题，又要"改"——自己解决问题，到最后不过是老师训练了自己的思维和表达能力。更为可悲的是，这样的批改方式，让学生感到老师才是评改作文的主角，是这副重担理所当然的主要承担者；而他们是配角，只是整个评改工作的一种补充，一种陪衬，甚至是一种点缀。这就使不少孩子形成了一种坏习惯，对自己匆匆草就的作文不检查、不修改，甚至不愿意再看一遍，就马马虎虎地交差，因为在他们看来修改是"老师的事"。拿到教师评改完的作文，面对密密麻麻的红色笔迹，有时他们也只是瞥上一眼就"丢之大吉"，因为他们认为那是"老师的意见"。费力至此，学生却不能认真体会老师的批改，对学生作文能力的提高毫无裨益，真是可悲可叹！

我自认为是个"懒"老师，不该我做的，绝不越俎代庖。在我看来，作文批改本身就含有"批"和"改"两层意思，我们应该把"批"和"改"分开来，自己负责批，学生负责改，"批在筋节上，改在要害处"，让学生自己悟到有修改的必要，又得斫轮之法，那才算是批改到点子上。

对于学生的作文，我历来是每篇都看，但是只批不改。我习惯批三点：一是全文简评，迅速读一遍学生的作文，给文章作一个简要的尾批，或给三两个眉批，多肯定优点，指出不足；二是画一些有特定含义的符号，如增添符号配合数字，让孩子在作文本右侧空白处，将写得不具体的地方进行补充；横线加问号，提示语句不通，需要斟酌等，以此来提示学生自己去推敲、修改。最后是文中的明显病句、错别字、标点符号使用不正确等等，则随手改正或标示出来。

刚开始发下作文本时，学生往往目瞪口呆，天哪！这作文本上怎么这么多1、2、3，空白横线以及圈圈点点，这到底是什么意思呢？我告诉他们，现在需要完成作文的重要一步——修改，把那些在三年级孩子看来稀奇古怪的符号，细细给他们讲解，告诉他们这是老师对他们作文的点评——下面圈圈，就表示"你写得太棒了！"；旁边问号，说明老师没有读懂你这句话；用了"∨"字符号，上面标注了号码，请在本子右边空白处，找到相应的符号和横线，那是告诉你，这里写得太简单，还需要补充一些内容，文章才具体……

刚开始，孩子们叽叽喳喳，觉得很新鲜，随后就会觉得头痛不已，因为他们除了能订正几个错别字，实在不知道该从哪里改起。这时，我欢迎他们前来"咨询"。"老师，这儿该怎么改呢？""老师，还能添点什么内容呀？"前来询问的孩子络绎不绝，这时候，你不用怕麻烦，因为作为"被咨询者"的我们，正好顺势教给学生作文的方法，授学生以"秘诀"，让学生在我们的引导下主动去练修改功夫。

很快，一个学期过去，班级至少一半以上的孩子不用再来询问了，发下作文本，如果遇到各式各样的修改符号，他们都能应付自如。对于一些修改能力比较弱的孩子，我也不急于告诉他们修改方案，而是让他们自己去请教那些已经"入门"的学生。"三个臭皮匠，顶个诸葛亮"，不少孩子会凑在一起相互切磋，有的提议这里应该加上一些细节描写，有的认为那里要换一种表达方式，往往你一言我一语，这样，作文就改得八九不离十，甚至会出现不少妙语，让我也不由赞叹。

我鼓励他们自己修改，这样孩子们互相评赏作文、探讨其中得失，会帮助更多的孩子体悟写作之道。如果不来我这儿"咨询"，能根据我的批示，将作文修改妥帖的学生，我则给予加分或是升个等第的奖励。这一下，孩子们劲头更足了，发下作文本后，都抢着看评语，分析批注，一旦过关，喜不自胜，修改作文也变成了一件乐事。

万事开头难，若是你不怕麻烦，在三年级时做个来者不拒的"咨询师"，并能坚持此法直到进入高年段，那时孩子满师了，你则更为轻松了——班级里的作文一半已经可以"师批生改"，你只需采用学生熟悉的符号，圈画勾勒，让学生按要求去改。这样不仅节省时间，速度翻倍，而且"井淘三遍出好水，文改三遍添新意"，学生作文水平也大为提高。还有一半作文，你可以让孩子相互批改。经过这几年的熏陶，孩子们眼光见长，由于站在批改者的角度，他们更能从作文中发现问题。千万不要怀疑他们的能力，孩子们会模仿老师的语气、风格、符号特点等，将同伴的作文改得有条有理。看到经同伴批改后的作文，由于孩子们已体验到了什么叫"字字句句皆心血"，对于被修改过的地方，即使一个标点，一个记号，他们也会认真地去推敲琢磨。认为别人改得好的，往往点头赞许，"哦——"的一声，恍然大悟，后悔自己当初没能看出来；认为别人改得不合理的，往往还要同批改者争得面红耳赤，有时争论不下，还要来请老师裁决，对批改的重视程度与从前大不相同。

教育家蒋南翔曾说过："一个教师是交给学生已经猎取的猎物好，还是交给学'打猎'的猎枪并授之以方法呢？我以为给学生的'猎物'不管多少，总是要吃尽的；而把'猎枪'交给学生并授之以打猎的方法，他就永远取不尽，用不完了。"因而，我们不能只埋头于"精批细改"，而不传授学生作文修改的方法，作文的批改应当是由教师"批"与学生"改"共同完成的一种创作活动！

四年级

从段到篇巧过渡

四年级是关键的一年，是"段"到"篇"的过渡阶段。这时候，我们的作文教学不再是给孩子框架，而是要给予他们更多自主写作的空间。

对这时候的孩子而言，"作文"在他们心里已经没有陌生感，但是，往往会出现这样的现象：孩子对着作文题目，脑子里一片空白，不知从何下手。也有的孩子想写的欲望很强烈，可写出来的作文却像做简答题一样，内容不具体，语句不够生动，中心也不够突出。

这时，我们的作文教学指导既要注重习作前期的"热身运动"，用"生活秀"帮助孩子再现生活，让他们学会从生活中去发现、去挖掘第一手资料，懂得作文就是生活，就是用笔墨来描写你我他的故事、美丽的大自然和我们的幸福生活，同时，还要引导孩子有逻辑地说话。在学生写作文时，帮助他们多问几个"怎么样"，从而避免作文只有略没有详，"只有骨头没有肉"的写不具体的现象。

而在这其间，观察能力的培养是需要持续进行的。因为孩子作文写得好不好，取决于他观察能力强不强，观察得细致不细致。到了四年级，我们就要鼓励学生不仅通过眼睛，更要充分调动视觉、听觉、嗅觉、触觉等"五官"摄取素材。要引导学生用眼细看，用耳聆听，用手细摸，用鼻子嗅，用心灵感悟，在观察中适当提问，开拓他们的思路，引起他们的联想和想象。只有对发生在身边事进行细致入微的观察，然后巧妙地运用有形、有声、有色的描写手法，才能勾画出形象生动的场景。

新课程标准实施以来，很多老师在教学中忌讳讲解语言、文学及写作方法等方面的知识，以避"超标"的嫌疑。老师们觉得只要课程标准中没有的，都不应该讲。但实践证明，在合适的时机，很多东西只要我们引导得当，不术语化，学生是完全能接受的。比如，让文中的人物进入自己的"角色"，学会描写的"三步骤"：叙述、形容、比喻，"换一种说法"避免语言重复……教会学生这些写作方法后，他们的表达会更生动、更丰富，何乐而不为呢？

对孩子的作文，我们不能以欣赏作家文章的角度来衡量。小学生作文可以说只是粗制品，还需要进一步的深加工和提炼。文章的增、减、删、接就好比电影的后期制作，只有通过去粗存精，层层筛选，方能把最精华的一面展示出来。因而，我会在"一次作文"后对学生的作文做有针对性的指导，在此基础上进行"二次作文"，以此促进学生认真对待作文修改，锻炼他们的文字编辑和处理能力。在不断的互动中，学生的作文水平将走上一个新的高度，走进一片新的领域。

16

作文需要"生活秀"

一到写作文，总有学生说："老师，我没东西可写。"有人说，学生缺乏生活的体验。现在学生的日常活动大多局限于家庭、学校"两点一线"，生活相对单调。其实，在学校和家庭两个"点"，也是有许多事情可以写的，只是大家没有深入去体验罢了。

先说"两点"——班级里有那么多的同学，学校里有那么多的老师，每天有那么多的课程，上课、下课、做操、吃饭、课间活动，同学间、师生间又有许多交流、交往，这其中会发生多少有趣的事情啊！

家里的生活也同样丰富，有父母、爷爷奶奶、外公外婆，早上送去上学，晚上做丰盛的晚饭；父母有单位里的工作，单位里的新闻，他们还有自己的爱好和往事。居民楼里各家又有许多各不相同的故事。其实，一个家庭联系着社会的方方面面，家庭里并不缺乏故事。

再说"一线"，同样也有许多可记之事——校门口的家长每天都不完全一样，十字路口总有不同的景观，每天天气又各不相同，刮风啦、下雨啦、天冷天热啦。而马路上的行人、小区里的居民也每天演绎着不同的故事。春夏秋冬四季景色更是各不相同：春天里小树发芽长叶了，桃花、樱花开了，燕子在梁上搭窝孵小燕了；夏天里，合欢树开得正热烈，凌霄花爬上了树顶，西瓜、香瓜摆满了马路摊头；秋天枫树叶变红了，小草变黄了，银杏叶全掉了，树枝直伸向蓝蓝的天空；冬天则又有一番景象，寒风呼啸，人们缩着脖子在路上匆匆行走，而雪松依然苍翠碧绿……

学生并不缺乏生活体验，却"身在宝山不识宝"，原因是他们缺乏细致的观察和深入的体验。怎么办呢？我们应该帮助学生回顾生活，感受生活中转瞬即逝的各类事件。

这天，孩子们课间玩得不亦乐乎，我便用手机拍下了几个瞬间。课上，我对学生说："你们的课间活动真是丰富多彩，老师非常羡慕你们。这节课，老师想和你们一起就课间活动来个大讨论，怎么样？"

课间活动人人参与，只是孩子们很少留意，此刻让学生讨论课间活动，就是为了从他们的头脑中调取课间活动的信息，使他们有话可说，甚至不吐不快。可是，孩子的表达比较单调，大多用了"下课了，操场上可真热闹！同学们有的在……，有的在……，有的在……"的句式，说得很简单，完全没有画面感。这也在我的意料之中，毕竟孩子们玩得起劲，谁会用心注意周围的状况？于是，我用课件播放抓拍的同学们课间活动的照片，让孩子们仔细观察，并按"同学们正在……"的句式逐一说出画面的内容，要求把场景说具体。

场面有了，如何把其中的一个活动写生动呢？这也不是什么难事，我让几个孩子分别表演踢毽子、跳绳和翻花绳，这样将动作一一分解，让孩子看仔细，说清楚，还不时有心理活动的补充。不一会儿，一篇篇《美妙的课间十分钟》便诞生了，以下是其中的两篇——

（一）

"丁零零"清脆的下课铃打响了，同学们三个一群两个一伙，一窝蜂似的飞出教室，在校园里玩起了自己喜欢的活动。瞧，校园里有的踢毽子，有的跳绳，还有的投沙包……真是应有尽有。看那几个踢毽子的女同学，一个个轻快地跳动着，把五颜六色的毽子踢得上下飞舞，好像一只只蝴蝶在翩翩起舞，又像顽皮的孙悟空在翻跟头。

晓霞是我们班的踢毽高手。你瞧，她用手托着毽子，把毽子掂了掂。随后，把毽子向上一抛，紧接着她弯曲右脚猛地一抬腿，把刚刚落下来的毽子踢上去了。就这样，她的目光紧紧盯着那毽子，头有节奏地摆动着，脚一起一落不停地运动着。她稳稳当当地踢了一个又一个，毽子在她胸前不停地上下翻飞，就像一朵盛开的菊花。毽子碰到她的脚还发出了"哒哒"的响声，她在不停地计数着："21、22、23……"突然毽子好像不听话似的向前边逃去，晓霞赶紧向前迈了一大步，身子向后一仰，伸出右脚使劲用脚尖一勾，毽子又乖乖地回到了晓霞的身边，站在一旁的我，看得发了呆！

（二）

翻花绳，这是一种非常好玩的游戏，别看只是一根不起眼的绳子，却可以翻出各式各样非常有趣的图案。下课后，这根小小的绳圈成了我们班炙手可热的玩物。你瞧，教室里，东一堆，西一堆，个个都在玩翻花绳；叽叽呱呱的，都是在说翻花绳的趣事。一根小小的绳子，勾住了我们的心。

一下课，我也喊我的好朋友阿盛来玩。阿盛把绳子套在两只手的手腕上，再分别用两只中指一挑，第一步便完成了。太简单了！我用两只手的大拇指和食指钩成两个叉，然后向里一翻，一顶，一拉，一个网状的图形就出现在我的手中。只见阿盛，嘴角微微一抿，一眨眼的工夫，绳子又"变"回到她手中，并且被拉成了两根"面条"的形状。那根绳子穿梭在我们的手指间，好像被人施了魔法似的，十分"听话"和"顺从"。就这样往下玩，"地图""飞机""蜘蛛网"等新花样轮番在我们的手中诞生，好玩到都不能用笔墨形容……

"再现生活"就是把生活搬到讲台前来表演，这样的"生活秀"展现的是概括性的真实，更集中，更形象，是对学生已有生活经验的提炼与升华，并为学生自主观察生活作了很好的铺垫。此外，让学生"现做现说"，契合了儿童的心理特点，孩子表达的欲望增强了，写作自然变得简单了。

作文"生活秀"可做的文章还有许多，如：可以带高年级的学生到低年级当小老师，去教小朋友做眼保健操；一个学生把教室门踢坏了，请全班同学来批评教育；把小乌龟放在讲台上让大家"写真"；每天抽三五分钟观察种子发芽；等等。

美好的生活是学生自己创造的，精彩的写作素材也是学生自己创造的，过有意思的生活，才能写出有意思的文章。让我们带着学生，发现生活，体验生活，他们一定能写出情感丰富、体验独特、感悟深刻的佳作来。

17

多问几个 "怎么样"

学生经过三年级 "写清楚" 的阶段，在四年级一定会遇到 "写具体" 的难题。毕竟由口头表达转为书面表达，对八九岁的孩子而言是一个很大的坎。你若是问他，为什么你的文章写得这么短呀？许多学生都会委屈地回答："老师，我能写的内容都写了，没什么话好讲了呀！"

当然，"写得多" 并不表示 "写得好"，作文如果只是一味述说，没有真情实感，写得不生动，那么就像在记流水账。但作文若是只有寥寥数句，叙事一定不可能很清楚，描写一定也不会很生动。

怎样让学生把作文写长，是一个困扰不少语文老师的事情。要解决这一问题，在我看来，就要在学生写作文时，帮助他们多问几个 "怎么样"。例如写一件事，不妨问问他："这件事情开始时怎么样？" "后来怎么样？" "结果又怎么样？" 写一个人，不妨问问孩子："他做了些什么？是怎样做的？"

"他说了些什么？用什么样的语气说的？" 写自己想到的，不妨让他问问自己："你还想了些什么？为什么会这么想呀？" ……

比如一个学生写了自己在游泳馆玩水上滑道的片段：

> 我换好泳衣来到儿童戏水区，戏水的孩子很多。我忍不住参加水上滑道的项目，我站在高高的洞口，有点胆怯。妈妈鼓励我试试，我一下子从滑道顶上来到池底。

这篇作文头绪还清楚，但只是一个粗线条的勾勒，没有让人如临其境的感觉。有没有办法使这篇作文改得长一些呢？我想，若能多问几个 "怎么样" "为什么"，这篇作文就会长起来。

于是，我就这篇作文向他提出这些问题：

（1）戏水的孩子在干些什么呢？

（2）水上滑道是个怎样惊险刺激的项目呢？

（3）你是如何从水上滑道滑下来的，感觉怎样？

（4）战胜自己的胆怯后，是怎样的一种心情？

假如能把这些问题考虑一番，并且都把它写清楚，这篇作文就会有血有肉了，作文自然也就长起来了。

这个孩子对这些"怎么样"作了反复考虑以后，就铺纸重写。经过修改以后，写成这样一个片段：

> 我迫不及待地换好泳衣来到儿童戏水区，这里的泳池早已是孩子们的乐园。瞧，有的在玩水中滑梯，有的在互相泼水嬉戏，还有的悠闲地随波游动……快乐的笑声不绝于耳。我不禁心痒痒的，赶紧加入了这欢快的阵营。水上滑道是个惊险刺激的项目，站在高高的出口，我有点胆怯。妈妈的鼓励让我深吸一口气，壮着胆子平躺下去。快速的水流推动着我向下滑行，拐弯、旋转、直行……一切都在瞬间完成。当我终于"啪"的一声，来到碧波荡漾的池底，那种战胜畏惧的快意一下子荡漾在我的心头。

你看，这样一修改，原先干瘪的内容现在却像一幅电影画面一样，生动形象起来。

后来，我把这个方法教给班级里其他孩子们。让他们在写作文之前，对感受最深的部分和与主题关系最紧密的部分，一定要认真想一想，多问几个"怎么样"——你是怎么说的、怎么想的、怎么做的，只有把这些细节写清楚了，文章才会具体、生动。

写接力赛时，我让学生问问自己，"同学们一个接一个地跑"，大家是怎么配合协调的？"我跑得很快"，到底做了怎样的动作？"心里高兴极了"，这是从哪儿表现出来的呢？

写钓鱼时，看到"太阳升起的时候，我们来到郊外的一条小河边"这一句，我让孩子边回忆边问自己，这是一条怎样的小河呢？"我放下鱼钩时"，到底做了哪些动作，怎样才把鱼钩抛到河中？等待鱼儿上钩时，又是怎样焦虑的心情？"鱼儿终于上钩了！"是用怎样的动作将它迅速提出水面的？此刻心里又有怎样的变化呢？

写包饺子时，"妈妈给我做了示范"，有哪些步骤？妈妈做了哪些动作呢？"我怎么也捏不好，"想想自己到底是怎样捏的？失败的原因是什么？"终于包成了一个像样的饺子"，这个饺子是怎样的呢？妈妈怎样评价的？此刻，心情如何呢？

让学生尝试多问几个"怎么样"，坚持在文章重点处提出问题，回答问题，给粗线条的文章添枝加叶。这是一把能让文章写具体的"钥匙"，用它去开启内容空洞的"锁"，一般都灵，对于一些写作文时只能列出骨架，却缺少血肉的学生而言，会收到意想不到的成效。

18

写出靠谱的想象作文

听过这样一个故事：有个专家在黑板上写了一个"0"，然后问听课的大学生这是什么。"零。"大学生们异口同声、不假思索地回答。这个人又来到小学，问小学生同样的问题，"太阳！""饼干！""周杰伦的嘴巴，他正在唱歌呢！"……答案真是丰富多彩。

的确，孩子的想象力一般比成人强，而且充满童真。所以，在孩子看来，最好写的作文莫过于想象作文。不少老师也认为，这样的作文太简单了，几乎无需指导，只需发下作文本，给出一个题目，就可以让孩子天马行空地开始创作了。

可是，当你看到学生完成的想象作文，就会发现问题了——这样的文章一般语句通顺，中心也突出，不存在跑题的现象，可是构思却值得商榷，因为读上去感觉特别不靠谱，更像是不着边际的"胡思乱想"。每每批到这样的作文，老师们就会从"无需指导"的状态掉入"无从指导"的困境——作文的主题就是"想象作文"，如果指出孩子不该那么想，因为读上去很不真实，孩子一定会反问，想象作文本身就带有一定的幻想性，又何来真实不真实之说呢？

于是，问题就摆在我们面前——怎样指导孩子写出"靠谱"的想象作文来呢？

在探讨这个问题之前，我觉得应该首先弄明白什么叫作"艺术真实"。《文学概论》[1]这样解释："艺术真实"来源于"生活真实"，但又不同于生活真实，因为它要高于生活真实，而且"艺术真实"既要符合生活真实中一定的逻辑性，又要经得起推理和考验，虽然貌似不着边际的想象，但是却又有章可循。这就告诉

---

[1]　姚文放：《文学概论》，南京大学出版社 2020 年版，第 66 页。

我们，想象作文也要尊重客观规律，不能脱离实际地胡编乱造。

当然，把这样的理论解释给孩子听，他们一定是一头雾水。所以，我喜欢拿《西游记》来举例说明，问问孩子们，孙悟空和猪八戒与现实生活中的猴子和猪有哪些相似点？又有哪些差异？

孩子们对这个神话故事非常熟悉，他们会一一列举：孙悟空和现实生活中的猴子一样，特别喜欢吃桃子，在看守蟠桃园的时候，就把大桃子都偷吃完了；孙悟空也和现实生活中的猴子一样机灵，喜欢捉弄别人，但是他又比生活中的猴子技高一筹，具有"腾云驾雾"和"七十二变"的神通，还有"火眼金睛"，能够一眼看穿妖怪的真面目。所以说孙悟空这个形象，既以生活中的猴子为原型，但是又加入了作者的丰富想象。猪八戒也是如此，既有猪的特性——贪吃、懒惰，但又通过想象，将其变化成了有神力的形象。这样一番交谈，孩子就比较容易理解什么叫作"艺术真实"了。

统编版教材四年级下册习作二，要求学生发挥奇思妙想，发明一个未来可能出现的东西，并将它用文字描绘出来。下面是一个孩子的作文——

未来的鞋子

　　未来的鞋子是什么样的？你一定想不到，我就是伟大的设计者。当你看到我设计的鞋子，一定会大为惊叹，对它爱不释手。

　　这鞋子具有超重力功能，能带领你飞上天空。所以你不用买汽车，只要穿了我设计的鞋子，就能漫步在空中，不用遭遇堵车的烦恼，而且可以直线前行，让你去你想去的任何地方。

　　我设计的鞋子还有保健功能，当你坐在椅子上休息时，只要按压侧面的按钮，鞋底就会出现很多按键，根据你的身体状况，给你按摩脚底的穴位，帮助你放松。

　　这个鞋子还能帮你防身，如果你走在外头，遭遇坏人，你不用害怕，因为只要你大力踩压鞋底，鞋尖就会出现尖尖的刀刃，让你防身。

　　未来的鞋子如此功能齐全，你想拥有一双吗？

我就以《西游记》为例耐心跟孩子讲："你的想象力很丰富，但即便是想象，也得让人感觉可信才行（即符合'艺术真实'）。要知道，鞋子最主要的功能是帮助行走，保护双脚，并搭配不同的服装，所以就算是想象，也要符合生活的真实，不要完全丢掉原有的作用。"这样的解释，孩子们能够理解，也更容易接受。于是孩子又重新写成下面的文章——

未来的鞋子

未来的鞋子是什么样的？你一定想不到，我就是伟大的设计者。当你看到我设计的鞋子，一定会大为惊叹，对它爱不释手。

当你穿上这双鞋子，输入你想去的地方，它就能带你去向那儿。因为鞋子里安装了一个芯片，和汽车导航仪功能类似，它不但会把你带到目的地，还会帮你判断你的做法是否正确，当你没发现脚的前面有一块石头时，鞋子就会向你发出警告，让你绕过石头。

未来的鞋子还很耐用，不像一般的鞋子穿几个月就坏了。它还可以调节大小，如果你的脚长大了，鞋子也会根据你的大小来变动。同时，它具有变色功能，当你穿了蓝色的裙子，希望搭配白色的皮鞋时，你只需调整鞋子边上的色卡，它就会如你所愿。

未来鞋子的优点可不止这些呢，别看它的表面只有一层皮，但这个皮的威力可大着呢，它能根据春、夏、秋、冬四个季节调节温度。比如现在是冬天，外面很冷，鞋子就会感觉到冷空气，然后吸收热能，让你的脚感到温暖，是不是很贴心？

未来的鞋子如此功能齐全，你想拥有一双吗？

修改完的作文，不仅想象丰富，而且读上去非常"靠谱"，符合我们所说的"艺术真实"，也不乏童趣。

想象作文给了学生更为广阔的思维空间，是学生比较感兴趣的作文形式。完成一篇想象作文并不难，但是要写好想象作文，却有一定的难度。我们要让孩子明白，新奇并不等于离奇，有一定现实生活依据的想象才能够被大多数人所接受。

19

让人物对话更精彩

《爱丽丝梦游仙境》的开头有句名言——爱丽丝说："谁会想看一本既没有图画也没有对话的书呢？"可见，对读者而言，对话有多大的吸引力。"言为心声"，教会孩子写好对话，不但可以显示出人物的性格特征，还能让作文内容丰富，有真实感。

在三年级作文刚起步时，孩子们的文章中常常是叙述多，对话少，这样就使所写的内容呆板、枯燥。我就一直跟他们强调，要想让作文的内容生动、活泼，在记叙人物、事情的时候，就要写好人物间的对话。

到了四年级，再次提到如何写好人物对话时，学生都表示不需要再讲了。他们认为自己已经掌握了写对话的窍门——要写好对话提示语，在对话前加上人物的语言、动作、神态等词语，给人一种"如闻其声，如见其人"的真切感；为了使句子富有变化，避免重复，还要注意将对话中的提示语安排在不同的位置；连续的对话，还可以尝试省略提示语，使对话简洁明快……说完自己掌握的秘诀，学生很得意地看着我，觉得我应该"无话可说"了。我笑笑，带着孩子们一起来看一段对话：

> "嘿，"张丽走到李晓光跟前，拍拍他的肩膀，"你作业完成了吗？"
>
> 李晓光头也不抬地回答："早做完了。"
>
> "那我们一起去玩吧！"张丽提议道。
>
> 李晓光一口答应："可以啊！"
>
> "我们一起去玩滑板，怎么样？"
>
> "行！最好叫上君君，他可是玩滑板的高手。"李晓光爽快地答应了。

我问孩子："你们觉得这段对话怎么样？"学生们读完后，认为这段对话很清楚，不仅写了提示语，还注意将它们放在了不同的位置。按照他们原有的评价标准，这已经是一个没啥可修改的对话片段了。

最后，有一个孩子轻声嘀咕："我就是觉得这个对话有点无聊……"我立刻肯定了他。我告诉学生，如果人物间的对话像这样写，读者读起来就会觉得索然无味，因为两个人的对话里没有转折，没有悬念，平铺直叙，并没有真正的互动。我们不能仅仅关注有没有对话提示语，想要将对话写精彩，其实还有很多需要领悟的小秘诀。

这下，孩子们来了兴趣，大家都想知道，对话还能怎样写精彩。我告诉他们第一招：要写出对话的悬念感。

著名儿童文学作家汤汤在作品《姥姥躲在牙齿里》，开篇就有这样一段对话：

> "妈妈，给我买一条围巾。"
>
> "可是现在天很热，冬天才需要围巾呢。"
>
> "为什么天很热就不需要围巾呢？我现在就很需要。"
>
> 妈妈轻微地叹口气："你真的想要，就给你买吧。你要的东西真的不算多。"

寥寥几句，就充满了悬念：为什么"我"要在大夏天买围巾，而妈妈竟然答应了这样的"无理"要求，而且还补了一句："你要的东西真的不算多。"两人间的几句对话瞬间就抓住了读者的心。

于是，我让孩子们也来改改张丽和李晓光的那段对话，争取改得有点悬念。学生们七嘴八舌，重新安排起两人的对话——

> 张丽走到李晓光跟前，装作不经意地说："如果我现在去参加玩滑板比赛，一定会拿第一。"
>
> "如果我去了，你就不一定是冠军哦！"李晓光有点不服气。
>
> "那咱俩来比一比？"
>
> "就算你超过我，也不一定是冠军，"李晓光看向斜对面的男孩，"君君才是大家公认的玩滑板高手。"
>
> 张丽也不服输，大声喊道："君君，李晓光让我俩跟他比试，看谁玩滑板水平最高，谁就是'王者'。"
>
> 君君回过头，哈哈大笑道："没问题啊，谁赢，谁请喝饮料！"

这两段对话都写玩滑板之前说的话，但差别很大，后一段对话中张丽想约李晓光去玩，她不直接说玩，而是说"我现在去参加玩滑板比赛，一定会拿第一"，用这种方式表示她很想去玩滑板。而李晓光说，有他在，张丽不一定会赢。这表示他也很想玩滑板，但他也不直接说，这就把悬念加了进去。张丽继续把悬念拉高，答应了"来比一比"的要求。但紧接着，李晓光提到玩滑板的高手君君，张丽就邀请君君来，并强调是"李晓光让我俩跟他比试"，把君君变成自己的盟友，这下让李晓光骑虎难下，不得不应战，同时，也增加了比赛的难度，结局就更值得期待了。最后，君君不仅答应参赛，还说"谁赢，谁请喝饮料！"注意，他说的不是"谁输，谁请喝饮料！"这又调起读者的胃口。修改后的对话变得紧凑了，而且带有一定的悬念，故事就变得好看了。

接着，我又告诉了孩子们第二招：要写出对话的情境感。

我出示了一句话——

　　　他抓了抓乱糟糟的头发，不耐烦地说："能不能先给我一盒烟？"

我问孩子们："说这句话的人什么心情你看出来了吗？"学生立刻回答："不耐烦！因为提示语里写到了这个神态，而且'抓了乱糟糟的头发'也说明他很不耐烦的样子。"

我点点头后，删掉了其中的提示语，句子就变成了——"能不能先给我一盒烟？"我指着这句话，让学生想想，如何在没有提示语的前提下，也让人读出说话者的不耐烦。

一个孩子这样设计："我觉得可以改为'别废话，快给我烟！'"我笑着转头问其他孩子："现在你们有没有感受到说话者的心情？从哪里感受到他的心情？"其他学生恍然大悟——"别废话""快"和句尾的感叹号，都能体现人物不耐烦的心情。

我告诉他们，有时不一定要用提示语，我们要尝试让人物自己的语言就能体现人物的心情、身份、态度。而要写好这样的对话，就要将自己"代入"情节之中，尝试"入戏"。

为了让孩子们能更好地理解这一点，我又举例："大家想想，你的语文课本不见了，在课堂上、在下课时、在家里会怎样呢，你说的话会一样吗？"同学们都笑了，因为完全不一样——课堂上不见了课本，自己只敢小心翼翼地翻着书包，心里默念道："语文书，语文书呢，在哪儿呢？"下课时不见课本，就会着急地翻着抽屉，大声喊道："语文书哪里去了？谁见过我的语文书呀？书！书！"在家里不见课本，就会头也不抬地大声搬救兵："老妈！快来呀！我的语文书飞了！快，帮我找找！"

而这时，遇上不同性格的妈妈，那对话更是各不相同——"你呀你呀，就是个马大哈，每次都这样，你妈就被你烦老了，我来找找看……"这是无可奈何又疼爱孩子的妈妈；"书会长脚吗？自己好好回忆一下放哪儿了，自己的问题自己解决！"这是放手不管、劝你独立的妈妈；"你委托妈妈帮你保管了吗？书喊喊就能出来吗，那我帮你喊两声……"这是风趣幽默的妈妈……

这下，孩子们恍然大悟，对话的提示语固然重要，对话本身也很重要，要让对话的内容也能符合人物的性格、身份，展现人物的心情、神态，这样的对话才能更精彩。

我们在作文教学时，不能仅仅关注对话提示语的运用，也要让孩子将对话本身就写得有悬念感和情境感。只有这样，人物的语言才会引人入胜，真正走入读者的内心。

20
"先声夺人法"写开头

写文章，开头第一句是最难的，好像音乐里的定调一样，往往要费好长时间才能找到它。很多时候，孩子们提起笔来，就卡在了开始阶段，抓耳挠腮，半天无法下笔。

要是作文时间紧迫，不少学生就直接用上写作入门时最先掌握的方法——开门见山法，一动笔就是"今天，我……"，一句话便交代了"时间，人物，在哪里，做什么"的"四要素"。作文的开头虽然是匆匆完成了，但这样开篇不仅无法令人眼前一亮，也定下了"流水账"的基调。那有没有简单而又容易上手的作文开头法，能让文字生动起来呢？你别说，还真有！

"我一定会回来的！"这是孩子们喜欢的动画片《喜羊羊与灰太狼》中灰太狼的经典台词。我想，只要一听到这句话，孩子的脑海中就有这个动画人物在天上表演后空翻的画面。所以说，语言是能传递画面的，而我就以此作为引子，教会孩子们一种通过语言描写来写开头的方法，我把这个方法称之为"先声夺人法"。

这个方法中的"声"指的是语言描写，把语言描写放在开头便是"先声"，这样写的作用是把人的阅读兴趣调动起来，所以叫作"夺人"。这样的开头一般适合叙事、写人的文章，可以不按部就班展开内容，而是直接描写人物的语言，使读者"未见其人，先闻其声"，从而对人物的性格特点或是事情进展中的某一过程产生深刻印象。

最经典的例子便是《红楼梦》里王熙凤的出场，作者先写王熙凤的语言——"我来迟了，不曾迎接远客。"话音未落，又传来她的笑声。此刻，读者和林黛玉的心理活动是一样的："这个人是谁，为什么笑得这么放肆？"大家都充满了好奇，等待着这个神秘的人物出场，当王熙凤隆重登场时，便给大家留下了深刻的印象。

像这样的方法就可以用在写人的文章中，比如："'哎呀，该起床喽，再不起来太阳要晒屁股啦！'像以往一样，我随着熟悉的叫声睁开了朦胧的睡眼。这个每天在我耳边准点报时的人，就是我妈。"

你看，这个孩子就先用语言描写作开头，让读者不禁猜测这是谁在说话，发生了什么事？于是，认认真真往下读，原来是一位妈妈正在喊自己的孩子起床，而且这样的事情每天都发生。后面发生什么事暂且不提，读者确实被这个开头吸引了。像这样，人还没出场，就先用速写素描打了个底色，让读者对文中人物的性格有了一定的了解，这样刻画的人物形象就会鲜明而生动，这也是"先声夺人法"的好处。

写事情的文章也可以巧妙运用这种方法。比如："'张晓光，这次进步很大，考了满分！'听到了老师的表扬，我的脸'唰'的红了，不是因为害羞，而是因为愧疚。那一刻，我真后悔，如果时光可以倒流，如果这世上有后悔药可卖，那该有多好啊！"这个开头用在《那一刻，我真后悔》这篇作文中，小作者用老师的话引出对往事的回忆，为什么老师表扬他，却让他感到愧疚，感到后悔呢？这一下就勾起了读者的兴趣，很想知道究竟发生了什么事情。

再如："'池塘边的榕树上，知了在声声叫着夏天。操场边的秋千上，只有蝴蝶停在上面……'每当哼起《童年》这一首歌，我就会情不自禁地想起自己那美妙的童年时光，想起自己曾经做过的傻事，这时候就会忍不住地咧嘴大笑。"读到这个开头，你是不是已经情不自禁地哼唱起来，感到自己瞬间回到了童年时光，和小作者产生了共情？也许你不只想看看作者在童年时做了哪些有趣的傻事，也可能会回忆起自己童年时代那些有滋有味的往事。

这时，有同学问："'先声夺人法'是不是只能写人物的语言呢？写景作文中没有人怎么办？"我告诉孩子们，如果用上拟声词、童谣、歌曲等作为开头，其实也是声音的再现，也可以叫作"先声夺人法"，它和使用人物语言的作用是一样的。

比如，"'轰隆'一声，闷雷炸开了，真是震耳欲聋，地动山摇，一场大雨就这样毫无预兆地来临了。"这个开头就用了象声词传神达情，把读者巧妙地带进有音响的世界，让人如闻其声，如临其境。

再如，"'天苍苍，野茫茫，风吹草低见牛羊……'一吟诵起这句诗，那辽阔的大草原就仿佛再次出现在眼前，那一望无际的美景真是动人心弦。"用古诗吟诵开头，会显得唯美又新颖，让人一下子就进入大草原那辽阔的意境。这种方法如果运用巧妙，往往能达到开场即惊艳的效果，让人过目难忘。

常言道："文无定法。"开头的方法还不止于此，像修辞渲染法、借物联想法、倒叙悬念法等也是相当不错的开头技法，我们可以随着习作教学的逐步推进，巧妙渗透这些方法，从而让作文能有一个精彩吸睛的开篇，也让学生在作文时不再感叹"万事开头难"。

21

"情景交融法" 写结尾

优美的乐章要有好的尾声，或余音袅袅，或震人心魄。作文也是一样，俗话说："编筐编篓，全在收口。"文章结尾十分重要，不能虎头蛇尾，也不可画蛇添足。如果能做到言有尽意无穷，有余味耐咀嚼，对于一篇作文而言，绝对是画龙点睛的妙笔。

但在作文教学中，我们常常发现，有不少孩子总是在凑够字数之后，用极不负责的态度迅速潦草结尾。不是用上"这件事真令人激动啊！""这一切怎不让我难忘呢？"这样的结尾草草了事，就是用上"通过这件事，我明白了……的道理"强行给文章加一个中心思想，这样就很容易落入俗套。

结尾的方法有许多种，像"首尾呼应法"，能让文章首尾遥相呼应，结构完整，浑然一体。比如，《我学会了骑自行车》这篇作文是这样开头的——"你有过成功的经历吗？如果有过，那么，你一定知道成功就是风雨过后的彩虹，只要克服困难，勇于尝试，就会收获成功的喜悦。而我学骑自行车的经历，就是最好的证明。"而结尾则是——"我骑着自行车，沐浴着夕阳的余晖，行驶在回家的大路上。啊，我终于学会了骑自行车，感受着成功的快乐，也拥有了战胜困难的勇气！"前后呼应，文章也显得结构严谨。

也有"巧妙发问法"，就是结尾以发问的形式提出问题，让读者深思。就像《我的同桌》如此结尾——"瞧瞧，这就是我那马大哈同桌，你见过如此让人啼笑皆非的人吗？"既表明了自己的想法，又通过反问读者，让读者和自己共情。

还有"卒章显志法"，这种结尾方式，就是在文章结束时，用最简洁的语言把作文所要表达的中心思想明确地表达出来。像《学会宽容》这篇作文结尾时就点明了文章的中心——"这一刻，我终于明白，当你用欣赏的目光去看待别人，用一颗宽容的心去谅解别人时，你会发现，你的周围将时刻充满阳光。"不仅写出了自己对宽容的理解，也展现了宽容带来的美好境界。

而我给孩子重点讲的是情景交融式结尾，这是一种有深度、有文化味儿的结尾。它是在三年级孩子已学会"以情结尾"和"以景结尾"的基础上，用一定的方法，把"情""景"合二为一，从而形成一种有余音绕梁之效的结尾。

有孩子说自己从来没有学过什么"以情结尾"。我告诉他，"以情结尾"便是抒情式结尾，大家早就用过，像一二年级看图写话的最后总结环节，那些"我爱水仙花""我喜欢过春节""这次秋游真让人难忘啊"这些结尾，虽然它们看上去极其简单，但都是抒情式结尾。这一下，孩子们恍然大悟。

而"以景结尾"就是用环境描写来结尾。一个孩子提出自己的疑问："老师，环境描写不是经常用在文章的开头吗？"我肯定了这个孩子的想法，是的，环境描写出现在结尾似乎是很少见的，但环境描写可以渲染气氛、烘托心情、衬托形象、升华主题，除了用在开头交代背景，它也可以用在中间推动情节，还可以放在结尾，让表达含蓄隽永，余味无穷。

环境描写可以写些什么？不仅可以写自然环境——"一缕轻轻拂过的微风""飘落的丝丝细雨""洒下的淡淡阳光""风中飘零的树叶"，也可以是社会环境——"空旷无人的路口""静静的图书室"……可以写的太多太多。

那情与景如何融合？《文心雕龙·明诗》中写到"人禀七情，应物斯感。感物吟志，莫非自然。"一切景语皆是情语，景与情有莫大的关系。情与景的融合并不难——高兴时写"阳光是如此温暖，抬头望望天，天比平时更蓝了，云比平时更白了，而我的脚步也变得轻快起来"；难过时写"下着雨，银杏叶簌簌落了一地，叶面上盈满了雨水，它在为我哭泣吗？头顶上是灰沉沉的天，它在为我感到难过吗？"。

但是，究竟怎样才能用这种方法将结尾写好，学生还是一头雾水。我打算就像做数学题一样，先分步列式，等弄清原理后，就能轻松掌握了。于是，我分了三步走。

第一步，出示作文结尾原句："得到了他的安慰，我终于明白，一切都会过去，不要再伤心难过，要学会乐观开朗。"

我问孩子们："难过和开心用怎样的景物来描写，你们都已经知道了，那么今天要考考大家，怎样才能用景物表现从难过到开心这种有所变化的心情呢？"

一个孩子说："可以这么写——乌云已散，天空明朗起来，阳光洒下，一切都美好起来。"我立刻点点头，肯定了他的回答。

转而又问大家："那现在该怎样将原句中的心情和刚才同学所描绘的景色合二为一，同时还要点明学会乐观这个中心意思呢？你们可以小组讨论。"

小脑袋聚在了一起，你一言我一语，大家集思广益，最后将结尾修改成——"得到了他的安慰，原本阴郁的天空突然明朗起来，心头的乌云已散，只留下一抹阳光。是啊，只要你乐观面对，其实一切都可以如此美好！"

这样结尾既照应了主旨，又显得情韵深厚。它像画画一样，能渲染氛围，增添意境，更好地表达作者的感情。

学了这样的方法，大家就开始尝试使用。有的孩子在《难忘的秋游》结尾处写："秋游结束了，踏上归程，但风却极力留住我们的脚步，并送来一片火红的枫叶，似乎告诉我们，别忘了这儿的美丽……"这个结尾并没有写对秋游多么喜爱，但是当读到"风却极力留住我们的脚步""送来一片火红的枫叶"……你就知道了作者对于秋游的结束是不舍的，作者是喜爱秋游的，这样写比"我喜爱秋游""这次秋游真让我难忘"更有文学味。

有的孩子在《父爱难忘》结尾处写："落雨的清晨，有一丝寒意，但我的心中却有一抹暖阳，它一直留在我的心中，温暖着我……"像这样结尾，用外界景物的"潮湿寒冷"，来对比内心的"阳光温暖"，暗示了父爱的可贵，这不比"这一刻，爸爸的爱真让我感动"更能让人回味吗？

古人云："结句当如撞钟，清音有余。"可见，文章的结尾要有丰富深厚的内容，经得起咀嚼，能启发读者想象和思考，达到"余音绕梁，三日不绝"的境地。我们要让孩子尝试着用不同的方式结尾，从而让作文如同一支优美的乐曲，曲虽终但余音缭绕，给人留下无穷的韵味。

22

描写的三步骤：叙述、形容、比喻

描写是记叙文最重要的写作手法，没有描写，就不能算是记叙文。小学生常常因为不会描写而头痛，文章写不长，写不精彩，写不生动，都与不会描写有关。

其实，具体生动的描写源于对生活细致认真的观察。朱自清说，在观察生活时要对"一言一动之微，一沙一石之细，都不能轻易放过"。而孩子们对生活的观察和感受却往往很粗浅，只停留在表面上，所以在作文时对事物的描述也就很笼统。

我让学生修改自己的作文，要求他们把事物描写具体，一个孩子撅着嘴问我："写具体不就是把文章写得长一点吗？你看我的作文，都写了三页多了，老师你为啥还是说我写得不具体呀？我想知道，到底怎么样才算写具体呢？"

我想，这大概是很多四年级孩子在作文时面临的困惑吧。三年级的习作，往往是老师"扶"着他们走，而且只要求搭个框架，描绘个轮廓就可以了。到了四年级，学生要学着自己去表达，如何将事物描写清楚、生动，的确是个需要学习的新内容。

描写能力是一种综合能力，很多老师都认为，描写方法只可意会，不可言传，很多写作方法的指导书上对此也是含糊其辞。其实，在我看来，只要是常见的问题，总能够分析其原因，总可以归纳出一些规律，按照规律训练，就能够提高学习效率，描写方法的指导也是如此。

我从句子描写开始分解步骤，讲解方法。在作文课上，我给孩子们出示了这样一个普通的描写句子："学校的花坛里生长着一棵高大的雪松，默默地伫立在教学楼旁，就像一位忠于职守的哨兵。"孩子们你一言我一语，对这个句子逐一分析，将其分成了三个部分。我归纳为：第一句话是"叙述"，第二句话是"形容"，第三句话是"比喻"，这三个"好朋友"合起来，就能基本完成对一件物体的描写了。

我告诉孩子们，"叙述"大哥的任务是"写清楚"，它主要负责介绍人、物、事件的基本事实、大体经过以及重要背景，让人们认清事物的大体轮廓，它回答的是"有什么"的问题。比如，"湖的对面是连绵起伏的山峦"这个简短的句子，清楚地介绍了描写对象的方位——湖的对面，形态——连绵起伏，属性——山峦，这就把对象介绍得十分清楚。

"形容"二哥主要是描绘人、物、景、故事的基本特征，让人们更清晰地了解它，它所回答的是"怎么样"的问题。比如"这山峦一山青，一山绿，一山浓，一山淡"，这样一写，读者对山峦的印象就更清晰了。

"比喻"小弟最终负责把描写对象的某一部分特征同常见的某种事物进行比较，让人们更形象更直观地去把握此物，它回答的是"像什么"的问题。就像前面的句子，可以加上"远远看去，就像一幅优美的山水画"。这样一写，充满了意境，那连绵起伏的山峦就显得立体生动起来。

孩子们若有所悟，我趁热打铁，告诉他们："记叙文离不开描写，一些普通的事物，经过细致描写，往往变得美不胜收。因此，文学家往往都是描写高手。在我们的课文里，就有不少这样的经典描写，大家可以找找看！"

学生一听，来了劲头，纷纷打开课本，找起了"证据"。"果真！"有孩子叫道，很快，他们就搜集了这些典型"三步骤"的描写句：

> 融化的雪水，从高悬的山涧、从峭壁断崖上飞泻下来，像千百条闪亮的银链。(《七月的天山》)
>
> 爬山虎的脚长在茎上。茎上长叶柄的地方，反面伸出枝状的六七根细丝，每根细丝像蜗牛的触角。(《爬山虎的脚》)
>
> 在海的远处，水是那么蓝，像最美丽的矢车菊花瓣；又是那么清，像最明亮的玻璃。(《海的女儿》)

我笑着补充道："一般来说，有了这三个步骤，你对某样东西的介绍就比较清楚，比较生动，也比较感人了。三段论有时也可以简化为两段，比如，'看，稻谷就要成熟了，稻田像一块月光镀亮的银毯。'(《走月亮》)或是三步骤的每一个单句，可以分别增加修饰成分，变为一组复杂的描写，比如，'那条白线很快地向我们移来，逐渐拉长，变粗，横贯江面。再近些，只见白浪翻滚，形成一堵两丈多高的水墙。浪潮越来越近，犹如千万匹白色战马齐头并进，浩浩荡荡地飞奔而来；那声音如同山崩地裂，好像大地都被震得颤动起来'。（《观潮》）"

这时，有孩子提意见了："老师，你说的都是课文上的例子，我们哪能写出那么美妙的句子？！"

我笑了，摆摆手说："其实，这种描写在日常的生活对话中并不少见，你们不也常说'妈妈啰唆极了，一说起话来，就像坏了的水龙头，关也关不住'，再比如，'最讨厌复习阶段了，一发起练习卷，就像雪花飞舞似的'。其实，这些都是描写的三步骤，只要掌握了一定的规律，你就会发现，几乎没有什么是不可以用这样的句子来进行描写的。"

随即，我给学生布置了一个小练笔，要求他们写一写自己的同桌。我叮嘱他们："别忘记展开具体的描写，可以用描写'三步骤'的方法试试看。"

于是，孩子们笔下的同桌有了"新鲜"的面孔——

我的同桌每当思考问题时，就开始不停地转笔，笔在他的手指上盘旋，好似直升机的螺旋桨……突然，他大叫一声："这道难题我解出来了！"

同桌是个长跑健将，一走上运动会赛场，就像一个蓄势待发的猎豹，眼神中充满了必胜的信念……

老师安排的女同桌最大的特点就是文静，课间闹哄哄的，可她坐在那儿看书纹丝不动，完全沉浸在书的世界里，就像一位定力超好的得道高僧，我真是自叹不如！

其实，只要学生平时细心观察事物，多做一些有关描写的练习，让文章出彩是比较容易的。当然我们在进行作文教学时，也要提醒学生注意两点：一是事物都是有多面性的，在一篇文章中，只要抓住描写对象的一个特点来描写就行了，用不着面面俱到；二是在一般的文章里，描写只是手段之一，只要在关键的几个地方用上这种描写就可以了，不必从头到尾都是描写。对于四年级的孩子，我认为能有描写的意识即可，而具体到每一种描写方法的掌握，那便是高年段作文教学的目标啦。

23

让人物进入自己的"角色"

　　到了四年级，不少学生写起作文来，似乎已经驾轻就熟，不再有陌生感和畏惧感。这天，我给他们出了一个作文题《给××画个像》，本想指导一番，孩子们却认为，这种写人的作文不在话下，不需要我的指点了。我也乐见其成，便放手让他们自行"操刀"。

　　一节课的时间过去了，学生很快交上了作文。然而，打开作文本一一翻看，我不禁吃了一惊。不少同学用了这样的句子——"我的爸爸不高不矮，不胖不瘦，眼睛不大不小，脸形不方不圆"，完全套用了"不……不……"的句式，使人物公式化。也有学生写道，"我的妈妈长着一张瓜子脸，红扑扑的脸蛋儿，柳叶眉，樱桃小口，别提有多漂亮了"，这样脸谱化的描写，毫无特色可言，更不要说透过人物外表看性格了。还有不少学生写出的人物好像不会说话不会动，像一个静止的影子，让人觉得就是一个"纸片人"。

　　看来，如何指导孩子们把作文中的人物写得鲜活起来，我还要动一番脑筋。我知道，学生最爱听笑话，上课之前就先给他们讲个笑话："古代一个县官，他贴出了一张告示，要抓一个小偷，这个小偷啊，个子不高不矮，身材不胖不瘦，脸呢不黑不白，眼睛不大不小，鼻子不高不低，嘴巴不宽不窄。请问这样的小偷抓得到吗？"

　　不少孩子都开始摇头，大叫："抓不到！"

　　"为什么？"我反问道，指着手举得高高的一个男孩子，"你说说看吧。"

　　男孩回答道："因为像那样的描述，满大街都是，根本没有突出小偷的相貌特征！怎么抓呀？"

　　我趁热打铁，读了一段孩子写的《给妈妈画个像》："我的妈妈有大大的眼睛，弯弯的眉毛，樱桃一般的小嘴。妈妈最大的特点就是讲卫生。看，正在家里忙来忙去的就是我的妈妈，从早到晚，一刻不停，家里被她打扫得干干净净。这就是我讲卫生的妈妈，我也要像妈妈一样讲卫生。"

我让孩子们认一下，这是谁的妈妈。结果，班级里十多个孩子来"认领"了。我打趣道："你们都是兄弟吗？怎么妈妈居然是同一个人？"这一下，孩子们都笑了，他们明白了我的意思。

我告诉孩子们，"一个香炉一个磬，一个人一个性"，其实，世上没有一个人的性格与他人是完全一样的，正如世上没有完全相同的两片叶子。漫画家正是抓住了人物独一无二的特征，并把它尽量夸大，所以描绘出的人物栩栩如生。我们也要学习漫画家独到的视角和杰出的表现能力，尽量抓住描写对象的特征，做到写谁像谁。我给孩子们举了个例子："比如，同样是打扫卫生，做法就大不一样——你瞧这个女同学，扫地前，要把袖子卷起来，把桌子下边都扫得很干净，连凳子也要挪开，死角也不放过。另一位男同学就不同，不卷袖子，扫得很快，满屋起尘，弄得自己也像灰扑扑的土地爷，这不同的做法就显示着不同的性格特点。所以，我们在一篇写人叙事的文章中，一定要抓住人物的显著特征，突出其鲜明的个性。这样，我们的作文才会生动形象，具有可读性。"

孩子们在我的启发下，开始重新描绘自己的爸爸妈妈——

我的妈妈无论什么季节，总是穿着中性化的服装，一头短发给人感觉从不拖泥带水。她走起路来健步如飞，好像总有使不完的劲，一说话更是神采飞扬。

我的爸爸眉宇间如刀刻一般的皱纹显示出他的性格，他的目光炯炯有神，弯弯的鹰钩鼻更增加了几分威严。他平时话语不多，显得特别严肃。

修改过后的作文，孩子们笔下的父母虽然有了各自独有的特征，但是看看那些事例，总觉得不够生动，原因在哪儿呢？我细细一读，发现他们都是以旁观者的姿态平铺直叙主人公的活动，你瞧这个孩子写的"电脑迷"老爸——

我的爸爸是个"网迷"。每天爸爸回家第一件事就是打开电脑。可那天晚上，爸爸打开电脑，网络却怎么也连不上。爸爸试了好多次也没成功。于是爸爸急忙给中国电信打电话，原来是网络出了故障，要到晚上11点才能修好。唉，现在才6点钟，离修好还有5个小时呢！这5个小时爸爸怎么过呀？

　　爸爸先出去转了一圈，可老天偏偏和他过不去，"哗哗哗"下起了倾盆大雨。爸爸没带伞，只好回了家。回到家，爸爸打开电视看起了新闻。不一会，新闻放完了，接下来是爸爸最讨厌的电视剧，他只好把电视关了。他唠叨了半天，我都嫌烦了。终于，爸爸不作声了——因为他发现可以用手机上网，于是他又沉迷在互联网的世界中了。

　　唉，这就是我的"网迷"爸爸！

　　初读这篇习作，有较为典型的事例，值得肯定。但这位小作者都是从自己的角度去写，没有让所写的主人公自己去说话，去行动，去思考，这样他的爸爸似乎成了"哑巴""平面人"，显得不够立体生动。于是我给孩子们又讲了一个小故事——

　　法国著名作家巴尔扎克创作时常常会进入角色。有一天，巴尔扎克的好朋友来访，正待敲门，忽听屋里大声嚷道："混蛋！我要给你好瞧的！"那位好友以为巴尔扎克和谁在吵架，立即推门而入。但屋里只有巴尔扎克一个人，这位朋友觉得很奇怪。原来巴尔扎克是在对自己作品中的一个人物大喊大叫，愤怒地揭露这个人物的卑鄙行为。

　　学生听得津津有味，我告诉他们，大作家之所以能将笔下的人物写活，就是因为他写什么人物，就把自己变成什么人物，从那个人物的身份、性别、年龄、性格等去体味，去揣摩，进入角色。俗话说："说一千，道一万，不如实际干一干。"一个人表现怎样，首先要看他做的事，要用事实来说话。在这过程中，不要替人物说话，要让主人公自己进入角色，把事情的本来面目还原在文章中，这样写出来的人物才会活灵活现，栩栩如生。

　　在我的指点下，孩子们又开始着手修改自己的作文。这一回，"网迷"老爸终于在小作者的笔下鲜活起来——

　　我的爸爸是个"网迷"。每天空闲时，我就能看见他坐在电脑前，双手"噼里啪啦"地敲击键盘，或者是右手"咔哒咔哒"地点击鼠标，两只炯炯有神的眼睛紧盯显示器，一会儿哈哈大笑，一会儿又眉头紧锁，神情严肃。有一次，我把试卷放在他面前的桌子上，请他过目并签个字，他答应了一声"好！"于是我就回自己房间去了。过了半小时，我出去一看，晕！爸爸还在"网上冲浪"呢，而我的试卷还在老位置上，上面还没有落下爸爸的大名。看来，他早已把签字这回事忘到九霄云外去了。

有一天，家里的电脑网络连接突然出了问题，没法上网。这一回，老爸急了，直跺脚，一边挠头皮一边还嘟囔着："没法上网了！没法上网了！真郁闷啊！"我受不了他的唠叨，便躲进了自己房间。过了一会儿，咦，怎么没声音了？我好奇地过去看了看，只见爸爸可怜兮兮地坐在床角，用一只手托着头，嘴里还不停地叹气，而眼睛却还盯着显示器。突然，他大叫一声："我可以用手机上网啊！"只见他欣喜若狂，两眼放光，急急忙忙把手机掏出来，进入"网络"，又沉迷在了互联网的世界中。

唉，这就是我的"网迷"爸爸！

这一回，"网迷"爸爸不是呆板的木头人，而变得立体生动起来。小作者不仅选择了典型事例：因上网忘了在试卷上签字；网络出故障，爸爸用手机上网。而且，通过人物自己的言行——"两只炯炯有神的眼睛紧盯显示器，一会儿哈哈大笑，一会儿又眉头紧锁""直跺脚，一边挠头皮一边还嘟囔着：'没法上网了！没法上网了！真郁闷啊！'""欣喜若狂，两眼放光，急急忙忙把手机掏出来……"就让"网迷"的形象跃然纸上。

在日常作文中，人物描写常常会让孩子们感到头疼，不少学生习作都会出现平铺直叙、人物形象不鲜明、选材不典型的问题。想写人，文中又"无人"，"写具体"自然就成了一句空话。其实，就像影视剧演员要把剧中人物的喜怒哀乐变成自己的喜怒哀乐，才能把戏演好一样，写作文也是如此，让文中的"主人公"自己去扮演各自的角色，才能使文章生动感人。

24

用"心跳图"梳理心理描写

　　每个人都会有内心戏，无论是获得成功时的那份欣喜，还是遭受挫折时的那份失落，或是偶遇美景时的怦然心动，若是能用文字将那种难以言传的心理栩栩如生地描绘出来，绝对很精彩。统编版四年级上册《我的心儿怦怦跳》这篇作文就是让学生反观自己的内心世界，将内心的激动、紧张、担忧的心理活动描写清楚。

　　这篇作文素材丰富，每个学生都有过"心儿怦怦跳"的体验——参加运动会准备和同学一决高下，登上领奖台时激动不已，作为小记者第一次采访他人时手足无措，考场上遇见难题紧张慌乱，犯了错误后忐忑不安……这些都会让自己的心儿不由地怦怦乱跳。但学生写作文不会将抽象的内心活动具体化，有的三言两语，就到了心跳最快的时候，不一会儿就平静了，整篇作文过程简单，缺乏波澜；也有的将自己的感受概念化，往往用"紧张极了"等词语描述自己的内心世界，显得单薄、无趣。

　　数学老师在遇到复杂的应用题时，往往会让学生通过画图来帮助梳理关系，而我们遇到以心理活动为重点的作文，也可以采用绘制心跳曲线图的方法，来帮助学生理清事情的发展顺序，同时追问心跳时身体各种感官的变化，便于孩子们将发生在一瞬间的感受展开来写。

　　怎么填写自己的心跳曲线图呢？我让学生以自己去参加某一场比赛为例，可以问问自己，刚接到比赛任务的时候，心情如何呢？是有点儿跃跃欲试，还是少许忐忑不安，或是感到准备充分，胸有成竹呢？他可以把此时的心理状态填写在下页图的①处，先铺垫好赛前的心理活动。

　　接着追问学生，随着比赛的临近，你的心理是不是发生变化了？去赛场的路上，估计已经紧张起来，所以②处可以填写"赛前紧张"。这种紧张该怎么描绘

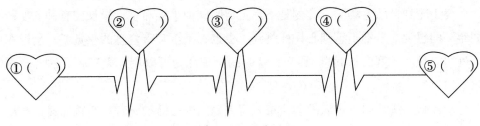

我的心跳曲线图

呢？这时，就可以教给孩子第一个方法：景物烘托法。

通过环境描写来烘托人物的心理，这是文学作品中最常见的手法。如果此刻感到特别紧张，就可以借助周围的环境来表现——"天阴沉沉的，气压特别低，让人感到很压抑""路上车来车往，各种声音交织在一起，格外嘈杂，我的心也纷乱起来"……若是环境糟糕就可以直接让它们呈现在笔下，为此刻的心情服务。若是环境很优美，别急，也可以这么写——"路边栽种着一些不知名的花儿，开得正艳，微风也轻轻拂过我的脸庞，带来丝丝花香，可是此刻的我心里惴惴不安，哪有心情欣赏这路边的美景。"通过例子，就能让学生明白，人物的心情不同，对周围景物的感受也不同，而这些景物描写更衬托了内心的紧张。

到达赛场后，让学生别急着写比赛，可以定格描写一下对手。在对手的表现下反观自己的内心——如果前一个选手表现得落落大方，评委频频点头，是不是无形中给你一些压力？如果前一个选手"滑铁卢"，表现得不尽如人意，评委失望地摇摇头，是不是会让你有些担忧，生怕自己也重蹈覆辙。这时内心世界再一次波澜起伏、怦怦跳动，那便在③处填写"对手压力"。此刻的心理活动该怎么展现呢？叮嘱学生千万不要用"这时我真是太紧张了"这样的概括句，而是教给他们第二个方法：内心独白法。

内心独白，就是自己对自己讲的无声的话。这时，学生可能会想到"天哪！前一个选手真是实力强劲，那歌声如同天籁，所有人都被他吸引住了，想想我自己，水平差远了，完了，取胜的希望渺茫，我感觉自己心跳如擂鼓。"或许会想到"天哪，前一个选手居然唱走音了，他脸色煞白地走出赛场，我不会也像他一样，把控不住自己的表演，得到一个低分吧？我的心顿时提到了嗓子眼。"你看，多么丰富的内心独白，这种具体、细腻的刻画，特别真实、生动地表现了当时内心"怦怦直跳"的感受。

终于轮到自己上场了，此刻是不是觉得时间似乎停滞了，漫长到有种"度秒如年"的感觉？是不是感到心怦怦跳到了极点，甚至都有窒息的感觉了？所以在④处可以填写"赛时心跳"。那么，这时的心理活动可以用上第三种方法：动作暗示法。

动作暗示法是用下意识的动作来表现人物的内心活动，若是心跳加速，在动作上也表现得很特别——"我真想抬头看看台下观众的反应，可是我做不到，因为我整个身子都僵住了，只能听见心在无休止地跳动。"或是这样的动作——"我站在台上，做了一个深呼吸，可我的心里像有一只小鹿在乱蹦乱跳，我的手不由自主地捏起了衣角。天哪，我的腿也紧张得不断发抖！"你看，人在紧张状态下行动就会扭曲，与平时截然不同，这一连串的动作就反衬出当时紧张的心情。我们要让孩子们用心体会，抓住不一样的动作来写，就能成功地展现当时的内心活动。

比赛结束了，心情终于平复了，也许还有胜利后的喜悦。因而，在⑤处就可以填写"心情平复"或是"获胜开心"等。让学生用简略的语言，写一写自己的心跳终于回归正常，并从这"心电图"中获得成长的感悟——也许是明白了"压力就是动力"；也许是觉得自己完成了一次自我挑战，感受到了一种成长；也许是经历了内心的变化，能更加勇敢地面对各种突如其来的状况。

孩子们的身体里住着许多情绪小精灵，它们是"紧张""喜悦""害怕""激动"……当这些小精灵出现的时候，那心儿就不由地怦怦直跳。学会绘制"心跳图"，同时灵活使用景物烘托法、内心独白法和动作暗示法来聚焦"心儿怦怦跳"的时刻，停下来，多写几句，那些无声的心理活动就能如放电影一般呈现在读者面前啦！

25
动用"五官"摄取素材

这周的作文准备让学生写《校园一角》。

一位老师说:"校园有什么写的?还是写别的吧。"

"怎么没东西可写呢?"几个老师同时反驳,"学校艺体馆门前去年新种的那棵橘子树,都开始结果了呀!"

"是吗?我还真没有注意到。"这位老师不好意思地说。

学生们是不是也有这种"熟视无睹"的现象呢?果然!当我问孩子们,校园里的橘子树的模样时,他们一脸茫然,说不清上面的叶子是什么样的,也不知道什么时候已经开过花了——这棵树被孩子们"忽略"了。

在我的指点下,学生们下课开始留意这棵陪伴了他们一年多的"新邻居"了。虽然三年级时我曾指导过他们观察的方法——"观察要按一定的顺序,要抓住特点",不过,他们的文章却总是写得不够生动到位,似乎是紧缩版的作文。

是哪个环节出了差错?思考良久,我渐渐明白,关键在于孩子们不会感受,他们只用眼睛观察生活,而没有把更多的感官调动起来。其实,在习作过程中,如果能积极调动五官——眼、耳、鼻、手、心进行感知,做到看形态,听声响,辨味道,触冷暖,想关联,使大脑同时得到从不同渠道获得的多种信息,这样就能构成一个完整、清晰的画面,写出具体生动、个性鲜明的作文来。

在修改作文时,我指出作文中大家普遍存在的问题,顺势引导:"如果在写作文的时候能让自己的五官都为我们服务,那么我们的作文就会有色彩、有声音、有味道,也有感触,就会成为一篇有血有肉的好作文,大家今天就可以来试一试!"

如何使用五官摄取素材呢?我给孩子们的五官分配任务,孩子们觉得特别新奇和兴奋。他们再一次围着橘子树,观察的方式由原来单一的看,变成多种感官的参与：有的用手去摸叶子，有的用鼻去嗅橘香，有的在我的允许下品尝了橘子树上的果实……

到了交流阶段，孩子们的表达特别丰富。

有视觉的感受——"橘子树有一人多高，主干和我的手臂一般粗。枝干高低错落，多而杂乱，向四周伸展，好像有一股生命力在不断地伸张。枝干上，一片片狭长的叶子碧绿碧绿的，好像涂上了一层油，在阳光下亮闪闪的，显得生机勃勃"。短短两句从枝干写到了树叶，观察得很有层次。"当深秋来临时，橘子终于熟了。远远望去，黄色的小球像一盏盏小橘灯一样，在微风中摇曳，又像绣在绿色帆布伞上的小黄花一样，点缀着这把庞大的'伞'"，远近交错的视觉观察，更写出了橘子的可爱之处。

有听觉的参与——"一阵微风吹来，橘子树随风摆动，树叶儿发出'哗啦啦'的声音，似乎开心地说：'我终于结果啦！你们想要品尝一下吗？'"

有触觉的帮忙——"找到一个躲在树叶后头的橘子，它似乎很害羞，可我捏一捏它的小脸蛋，感觉不再是硬邦邦的，我确定它已经成熟啦！"

还有嗅觉、味觉的共同作用——"秋高气爽，橘子成熟了，空气中弥漫着醉人的果香""橘子特有的清香，让校园这一角都洋溢着生机勃勃的气息。我经不住诱惑，一伸手便摘下一个橘子，剥开皮，万分珍惜地吃起来。那味道酸中带甜，我心里瞬间充满了欢乐"。

瞧，原来平常无奇的橘子树一下子变得立体、生动起来！其实，写作文，如果能教会孩子调动五官感知，充分地欣赏、品味景物，进行一定的语言加工，就能立体地、全方位地创造出真切感人的画面，写出亲切、生动、具体、有灵气的文章来。

《义务教育语文课程标准（2022 年版）》指出，三四年级的习作，其重点是"观察周围世界，能不拘形式地写下自己的见闻，感受和想象"。三年级时，我教会孩子用眼睛"有顺序、抓重点"地观察，而到了四年级，想要写清楚"见闻、感受、想象"，光靠眼睛，那是远远不够的，还要调动五官，也就是眼睛、耳朵、鼻子、双手、心灵一起工作，因为这五官对每一位学生来说都是独特的。在学生写作文时，我们要让他们先学会运用自身的"五员大将"来感知事物，这也是写好作文的重要一步。

26
从故事中挖出习作秘诀

都说语文是门大学科，阅读和写作是不分家的，写作的灵感及困惑往往都能在书中找到答案。但是，真正在教学中，你会发现，有的孩子虽然阅读量不小，但是每到写作文时就只会平铺直叙，语言寡淡无味，不由让人感叹："这书都读到哪儿去了？"阅读和写作之间虽然只有"一墙之隔"，但是，就有很多孩子因为找不到这堵墙之间的门，无法做到迁移运用，以至于到了四年级，写作水平还是原地踏步。

比如，在习作过程中，孩子们总会遇到这样的题目——《他真棒》《我要竖起大拇指》《我们班的小能人》《我最佩服的一个人》《××的拿手绝活》……诸如此类的题目，都是要求写一位在某一方面水平高超的人。我让孩子们写写咱们班"高手"，他们如数家珍——唱歌美妙的"百灵鸟"，计算速度惊人的"学霸"，赛跑时一骑绝尘的"飞毛腿"……但是，说起来眉飞色舞，一落到作文本上，却都是平平无奇的普通人，读上去一点也没有"高手"的惊艳感，就像这位同学的作文——

> 他，一身黝黑的皮肤，纤长而有力的四肢，显示出了他在运动方面极具天赋。的确，他是我们班数一数二的运动健将，你猜到了他是谁吗？他就是"飞毛腿"王子恒。
>
> 又是一年一度的运动会了，王子恒代表我们班参加400米跑步比赛。只见他左腿跪在起跑线上，右腿半蹲，手臂前后摆放，目不转睛地望着前方，这起跑的姿势充满了必胜的信念。
>
> 一声枪响后，"飞毛腿"飞奔了出去，像一道跨过天空的闪电，左手与右手不停地交替摆动，就像"轻功水上漂"一般，用轻快的步伐向前面飞

奔而去。很快，胜利就在眼前了，"飞毛腿"微微地低下头，咬紧牙关，猛地向前冲去，五米、四米、三米、两米、一米！他一挺身，终于第一个冲过了终点线。这一刻，他开心地奔跑狂欢着。

王子恒真不愧是我们班的"飞毛腿"啊！我佩服得五体投地，你呢？

这篇作文有细节描写，也用了典型事例突出了人物的特点，但就是不够鲜活生动，没有一种"高手"登场的感觉。这时，我给学生们讲一个故事，让他们从故事中寻找这位"绝世高手"是如何造就的，从而发现其中的写作奥秘。

听说老师要讲故事，孩子们都激动地坐直了身子。我告诉他们，这个故事叫作《少年王勃》——

高宗上元二年，王勃出发探父。在秋天路过了洪州（今南昌），既然到了南昌，自然要登天下闻名的滕王阁。

无巧不成书。洪州的阎都督因为重修了滕王阁，正打算趁着重阳节放假，在阁内举办个文学派对，听说王勃恰好路过，阎都督赶紧差人送上了邀请函。宴会之上，酒过三巡，阎都督热情号召大家选派代表为本次重阳赛诗会作序。

他真的是想搞作文比赛吗？错了，其实人选早就内定了——都督的女婿吴子章早就提前写好了一篇稿子，打算在派对上一鸣惊人。在座的客人心知肚明，都装傻充愣，推辞不写。

女婿得意洋洋，正准备把早已背得滚瓜烂熟的文章默写下来，忽然，一个名叫王勃的少年高声道："让我来！"阎都督不高兴了，拂袖而去，坐在帐后越想越气，觉得王勃真是个愣头青！宾客们一看这情形，也很不待见王勃，纷纷走出大厅，到楼台边观景。

王勃酝酿了一会儿开始动笔，阎都督有点不放心，便派手下人去看看王勃到底写了什么，是不是真的比自己女婿厉害。不一会儿，手下来报告，王勃文章的开头是"豫章故郡，洪都新府"。都督嗤之以鼻——不过是老生常谈！另一个手下说，他又写了"星分翼轸，地接衡庐"，女婿心想，这我也能写！

王勃越写越快，真是文思如泉、笔走如飞。手下穿梭往来，一句接一句报给大家。这时，阎都督和女婿不说话了，意味深长地互看了一眼，默默地想：幸亏没有把自己准备好的文章拿出来，不然丢脸就丢大了，和王勃的文章差距真是一个天一个地啊。

这时，王勃极目四望，只见远处天高云淡，澄江如练，波光山色交相辉映，近处则是楼阁错落，丹漆流彩，一时无限灵感涌上心头，一句句神来之笔飞逸而出：落霞与孤鹜齐飞，秋水共长天一色……

这一句真是一幅绝美的风景大片啊！而且，还是动态的！听手下人报到这句，阎都督和女婿再也坐不住了，忍不住拍案叫绝：“奇才，真是奇才！”宾客们也赞叹不已。

孩子们听得津津有味，对这位少年诗人钦佩不已。随即，我便让学生们开始“头脑风暴”，寻找其中蕴含的如何写出一位“高手”的秘诀，并把这些绝招用在作文修改中。孩子们你一言我一语，开始在这个故事中“挖呀挖”，很快就找到了三个写作秘诀。

秘诀一：自己笔下的人物要有一位强大的对手，如果对手不强大，那么文章中的主人公也显示不出他真正的水平。王勃是个初出茅庐的少年，又是限时命题作文，而阎都督的女婿年长许多，还事先准备好了文章，反复修改，早已背得滚瓜烂熟，就等着“一鸣惊人”。两相比较，无论从资历的高低、准备的充分程度来看，王勃都处于劣势，这一场比赛能赢，才让人叹为观止。因此，如果要写一个跑步高手，他一上场，就要记得先描写一下他的对手——“跑步比赛就要开始啦，运动员们摩拳擦掌，跃跃欲试。操场上人声鼎沸，我们却暗叫不好，因为别的班的运动员都人高马大，我们的‘飞毛腿’似乎并不起眼，能不能在比赛中获胜呢？真是让人捏了把汗。”这样，高手与高手的对决才会精彩。

秘诀二：高手PK的过程要“一波三折”，而不是“一帆风顺”。王勃文章的开头是“豫章故郡，洪都新府”，都督嗤之以鼻——不过是老生常谈！他又写了“星分翼轸，地接衡庐”，女婿心想：这我也能写！这其实意味着高手并不是一下子就能战胜对方的，甚至可能有失利的时候，这样才能吸引读者一口气读下去。因此，我们笔下的跑步高手必然也会经历挫折，也许一开局就身处不利——“‘啪’的一声枪响，跑！不好，‘飞毛腿’的启动并没有力克群雄，对手已经领先一步冲了出去，真是太糟糕了……”

秘诀三：要有旁人作侧面描写，更能显示出高手的过人之处。就像“在座的客人心知肚明，都装傻充愣，推辞不写"，但是，王勃却主动请缨，这下"阎都督不高兴了，拂袖而去"。"宾客们一看这情形，也很不待见王勃，纷纷走出大厅，到楼台边观景"，大家都看不起王勃，但是最后"阎都督和女婿再也坐不住了，忍不住拍案叫绝：'奇才，真是奇才！'宾客们也赞叹不已"。他们的态度之所以会发生如此大的转变，完全是因为王勃的文才征服了大家！所以，写跑步高手时，也可以通过观众的视线，推动情节，展现高手转败为胜的经历，凸显他的过人之处。如果把镜头转向观众——因为对手人高马大，一旁的观战者们"暗叫不好""捏了把汗"；看到"飞毛腿"出师不利，大伙儿"心都提到了嗓子眼"；"飞毛腿"听到大家的加油声后，最终一鼓作气夺得了第一名，"全场沸腾了起来，大家连声叫好"……此刻，观众的存在并不是无意义的，他们是见证历史的，因此在习作中千万不能忽略了他们的存在。

　　小小的故事中隐藏着这么多写作秘诀，这些秘诀是孩子们自己发掘出来的，他们就像淘金者，充满了发现的惊喜。趁热打铁，我让他们将这些方法运用到自己的作文里，就这样，"飞毛腿"这个跑步高手在大家的着力修改中更为立体丰满了——

　　　　他，一身黝黑的皮肤，纤长而有力的四肢，显示出了他在运动方面极具天赋。的确，他是我们班数一数二的运动健将，你猜到了他是谁吗？他就是"飞毛腿"王子恒。

　　　　又是一年一度的运动会了，王子恒代表我们班参加 400 米跑步比赛。跑步比赛就要开始啦，运动员们摩拳擦掌，跃跃欲试。操场上人声鼎沸，我们却暗叫不好，因为别的班的运动员都人高马大，我们的"飞毛腿"似乎并不起眼，能不能在比赛中获胜呢？真是让人捏了把汗。这时，只见他左腿跪在起跑线上，右腿半蹲，迈出弓字步，手臂前后摆放，目不转睛地望着前方，这起跑的姿势充满了必胜的信念。

　　　　"预备！"这一刻空气似乎凝固了！"啪"的一声枪响，跑！不好，"飞毛腿"的启动并没有力克群雄，对手已经领先一步冲了出去，真是太糟糕了，我们的心都提到了嗓子眼。这时，"飞毛腿"飞奔了出去，像一道跨过天空的闪电，左手与右手不停地交替摆动，就像"轻功水上漂"一般，用轻快的步伐向前面的对手追去。

眼看就要追上了，对手的实力也不容小觑，丝毫没有放慢自己的脚步。怎么办？眼看离终点越来越近，胜负在此一举！这时，"飞毛腿"大吼一声，似乎这样才能爆发出力量，他用力迈开大步，好像脚踩风火轮，头发也在风中飞扬着。"加油，加油！"我们的助威给他无限的动力。胜利就在眼前了，"飞毛腿"微微地低下头，咬紧牙关，猛地向前冲去，五米、四米、三米、两米、一米！他一挺身，终于第一个冲过了终点线。全场沸腾了起来，大家连声叫好，他也开心地奔跑狂欢着。

王子恒真不愧是我们班的"飞毛腿"啊！我佩服得五体投地，你呢？

掌握了这些秘诀，孩子们就知道如何写好一位"绝世高手"，像《踢毽子高手》《跳绳牛人》《魔法小达人》……这些都不在话下了。

无目的的阅读有时就像一个海洋，要从中捕捉到习作的窍门，绝对是需要孩子的悟性的。有时候，我们也可以给他一个"鱼塘"，让他们从中寻找可借鉴的方法，他们就能钓出鲜活的"鱼"来，从而将其用到自己的习作中去。像这样的阅读挖掘法，真正做到了读写不分家，让孩子自己在文字的世界里寻找窍门，主动跨越阅读与写作间的藩篱，巧妙地实现了学以致用，怎能不收获成就感呢？

27

别具匠心的幽默最"吸睛"

说到幽默，似乎是有阅历、有学问的成年人的事，其实，孩子也是有幽默感的。课余我常常会和孩子们聊天，他们思维很活跃，表达也很风趣。

这不，我烫了一个大波浪，自以为很美，就一直披散着垂在肩头。课间，一个女孩头发松了，捏着橡皮筋，嘟着嘴，一定要让我给她扎个小辫子。我乐呵呵地边给她梳着头发，边谦虚道："你看，老师呀，生的是个小子，没有给小姑娘扎头发的经验，如果扎得一般，你可别介意哦！"小姑娘若有所思地说道："我说老师为啥总是不把头发扎起来呢，原来是不会梳头啊！"这一下，教室里的其他孩子笑得前仰后合，我也乐不可支。

但是，到了作文里，我是什么样子的呢？不是"俯下身子关切地问我身体舒不舒服"，就是"语重心长地告诉我一个人生道理"。我感觉自己不是这个时代的老师，嗯，教龄至少要有 50 年了吧。我问孩子，为啥作文里的我比现实的我"老"很多？他们就笑，告诉我，因为作文要严肃。

为什么作文就得严肃呢？我觉得好生奇怪。生活是丰富多彩的，充满喜怒哀乐，而孩子在这个年龄阶段，都很机灵，很可爱，为什么他们的作文大多显得单调和乏味，就不能写得调皮一点，好玩一点呢？仔细想来，恐怕是我们很多语文老师认为作文就是一个正儿八经的"大工程"，没有意识到学生的作文也需要幽默和情趣。

我告诉孩子们，好看的皮囊千篇一律，有趣的灵魂万里挑一，其实，好文章也是一样的道理。一篇好文章，除了要具有真情实感，还须写得生动流畅，富有情趣。

那什么是语言的"幽默"或是幽默的语言呢？它指的是有趣、可笑而意味深长的语言，这里有两点需要强调：一是有趣；二是意味深长。也就是说，我们的作文语言既要有趣，又要有让人回味的东西。

提了这个要求后，孩子们觉得有点无从下手，我告诉他们，其实这做起来并不难，因为大家平时就接触过，只是从来没留意而已。

我教给他们的第一个方法就是"大词小用法"。统编版四年级上册的教材里有一篇回忆性散文《陀螺》，它以陀螺为线索，回忆了童年时"我"用小陀螺战胜大陀螺的经历，并明白一个道理"人不可貌相，海水不可斗量"。斗陀螺，虽是孩子们之间的小游戏，但对于孩子们来说又是一场激烈的搏斗，一定得争个胜负不可。文章中作者运用了许多宏大的词语来营造氛围、制造声势，表现斗陀螺场面的激烈。我让孩子们自己找找，文中的哪些词语用了这样的方法。

一个孩子找到了这一句——"又各自闪向一边，然后重整旗鼓……"，"重整旗鼓"原指战争失败之后整顿力量准备再战，这里用来形容斗陀螺的游戏，不仅写出了孩子之间斗陀螺的激烈和他们的好胜心，又使文章的语言显得风趣幽默。

另一个孩子也找到了一句——"这真是个辉煌的时刻！……无意中获得的'荣誉'"，"辉煌"与"荣誉"这两个词本都是形容获得巨大的成就，文中却用来表现小伙伴之间斗陀螺的游戏，它们写出了"我"的小陀螺战胜小伙伴的大陀螺后的激动与兴奋之情，也突出了小陀螺"海水不可斗量"的潜力与威力。

一个个大词小用的修饰语，看似是作者信手拈来，其实是作者别具匠心的安排，让文章的字里行间充满诙谐和幽默。我出示了一个孩子作文中的一段话，让大家尝试着运用大词小用的方法改写一下。

> "不买平板电脑了，这阵家里没多余的钱，以后再说！"妈妈一向说一不二。我们不肯，轮番说服，弟弟也在一旁恳求，看到那么多人都力争，妈妈勉强同意了。

经过大家的一番讨论，这句话改为了：

> "不买平板电脑了，这几天家里都闹'经济危机'了，以后再说啦！"当惯了皇帝的老妈下完圣旨，便打算拂袖退朝。我们不肯，我和老爸轮流奏本，弟弟也在一旁拼命苦谏，看到那么多人都力争，妈妈勉强同意了。

句中的"经济危机"本来是个经济学名词，指国家的经济出现了困顿，现在却用来形容家中经济困难，而"下完圣旨""拂袖退朝""轮流奏本""拼命苦谏"，本来是描写宫廷生活的词语，这里却用来写家庭生活，这些大词小用的技巧，让语言顿时风趣生动起来，展现了家庭生活的情趣。

随后，我又教给学生第二种让语言幽默风趣的方法：错位反差法。这个错位反差，其实就是将行业、身份、感情色彩等方面故意形成错位，造成一种妙趣横生、忍俊不禁的反差感。

我给他们举了个例子，有同学在考试时偷看，最后被老师发现，没收了试卷和"小抄"。这个场景他是这样写的——

> 看到老师低头批作业，我心中暗喜，天赐良机，此时不抄更待何时？我立即取出"作案工具"，开始行动……没想到，"天网恢恢，疏而不漏"，我竟被老师逮了个正着……经过深刻反省，老师才黑着脸，退回了"赃物"。

你看，作者把学生与小偷的身份进行巧妙错位，达成了幽默效果，把当时的情景描绘得活灵活现，栩栩如生。当然，我也告诉孩子们，是否能用这个方法，首先取决于文章的选材和故事人物的设定，只有当选材本身含有喜人、趣味等底色时，才可以使用幽默的语言。

听完我的讲解，孩子们恍然大悟——原来作文也可以不那么一本正经啊！渐渐地，他们的作文中开始出现儿童的幽默，机敏中夹着天真，欢快中含有情趣，读来别具"笑果"。

一个孩子写妈妈让自己洗菜，自己偷懒，就把菜放进洗衣机，结果惨不忍睹的趣事——

> 我突然想起一个绝妙的主意——妈妈平时洗衣服都是用洗衣机洗的，洗得又快又干净，那么洗菜不也可以照搬这个方法？我顿时很佩服自己的"聪明才智"，就把洗衣机的盖子打开，把两大袋子菜全部倒了进去，让洗衣机接替这个"重要任务"。一番"轰隆轰隆"之后，洗衣机终于完成这个"大工程"了，我打开盖子一看，顿时傻眼了：芹菜成了光杆司令，番茄成了稀烂的番茄酱，而韭菜成了一堆乱茅草……

有的孩子写自己夏日捉蚊子的经历——

这只蚊子真是老奸巨猾，我一到它的警戒范围，它就"嗡嗡"地飞走了，不一会儿，又在我耳边唱着凯歌。我被一只小蚊子糊弄得团团转，只好瞪起大眼，活像一只青蛙，在床上扫描开来。突然，我看见了它停在角落里，就一个"如来神掌"拍了下去，可它却比孙猴子还狡猾，竟从我的指缝中溜走了。看来这个晚上睡不安宁了，我好恼火，又无可奈何……

你看，有趣的故事永远是小学生作文出彩的不二法门，只要让孩子学着抓住生活中最闪亮、欢乐的光点，就能绘制成一幅欢乐的画卷，让人读后捧腹大笑的同时，也能感受到生活的美好。

28

学会"换一种说法"

到了四年级，有些孩子成了作文"熟练工"，往往贪快不求新，作文很快就能完工，可是交上来一看，语言贫乏老套。一写到清晨，便是"天刚亮"；一提到时间快，便是"过了一会儿"；一说到开心，就是"我激动极了"；要是描绘春天公园里的花儿，便是"红的、黄的、紫的……"他们惯于使用平日常用的词语，往往写得"千人一面""千篇一律"，使人读了味同嚼蜡。

我们在语文教学中常常让学生说说词语的近义词、反义词，训练他们在不改变原意的前提下变换不同句式，这都是为了丰富他们的语言。可是孩子们总觉得这是需要考试的内容，并不知道这跟作文有关。

我觉得应该让孩子们明白这一点，教会他们"换一种说法"，让他们懂得选词炼句，他们的作文才能有所精进。

课上，我先给孩子们讲了一个小故事——有一位作家，一生著作颇丰，拥有的读者也相当多。当有人向其讨教写作之窍门时，他直言相告："我从不沿用旁人惯用的写法，我不过是换一种说法而已。"

"'不过是换一种说法而已'，正是这位作家获得成功之捷径，你们知道他这句话里的含义吗？"我卖个关子，故意考考学生。

孩子们你一言我一句，解释起来："就是不写别人写过的东西。""就是不按一般的写法去写文章。""我认为是动脑筋，换个写法写常见的事物。"我肯定了孩子们的想法，补充道："叶圣陶爷爷曾经说过：'一句话中有两个重复的字，只要念一下，就觉得拗口，总得想办法去掉一个。'我们作文时，如果能根据描绘的对象，抓住其特点，换用不同的说法，文章的语言自然就会新颖生动。"

练习正式开始，第一步自然是消灭贫乏的词汇。我给学生出了几个常见的词汇，让他们选择不同的说法来表达同一个意思。刚出示"红色"二字，孩子们就迅速进入了"头脑风暴"——"深红""粉红""猩红""血红""朱红""枣红""鲜红""嫣红"……我增加难度，出示孩子最喜欢用的"一会儿"这个词，问他们还有哪些词也能表示时间短的，学生抢着回答——"刹那间""霎时""瞬间""突然间""顷刻""一眨眼"……最后，我出示了"清晨"一词，要求孩子发挥想象，用早晨特有的情景来代替这个词，孩子们开动脑筋，一时间黑板上出现了不少富有意境的词语——"天色微明""天刚蒙蒙亮""东方泛起鱼肚白""鸡叫三遍""窗户纸发白"……我不禁为他们鼓掌叫好。孩子们不是缺乏词汇，有时候只是缺少一点思考、一些点拨、一点要求。

第二步是消灭单调的句式。翻看学生的作文本，你会发现他们不喜欢用疑问句、感叹句，只是钟情于陈述句——并且都是主谓宾齐全的陈述句，哪怕可以承前或蒙后省略成分的句子，他们也写得工工整整，一点成分都不缺，生怕成为病句。可是，如此一来，反而使语言单调乏味，表现力差。我给孩子们讲解了不同句式的作用——用把字句、被字句可以强调句子的某个成分，用双否句、反问句可以加强语气，用设问句可以提示读者注意，用排比句可以加强气势……如果能灵活地根据表达需要选用某个句式，语意就会更突出，文章就会生动起来。这样的句子练习，其实平时做得很多，孩子们早已熟练方法，只是缺少运用的意识，平时加以提醒即可。

在我看来，对于四年级的孩子而言，如何把句子写得俏皮些，让文章富有童趣才是关键所在。我说："'无风'这两个字，在作家三毛笔下却俏皮地写成'风，不知躲到哪里睡觉去了'，这就使句子特别生动活泼，你们也可以试试看！"于是，我出示了两个句子，让孩子们动动脑筋，在不改变原意的情况下，看能不能将其说得有趣些。

①以后，我再也不吵着要跟在爸爸妈妈后面了。
②太阳快落山了。

学生饶有兴趣，很快就把这两句变成：

①以后，我再也不做爸爸、妈妈的小尾巴了。
以后，我再也不做爸爸、妈妈的小跟班了。
②太阳在吻西边的山头了。

太阳害羞了，恨不得躲到了山后面。

我趁势让学生们读读原句和后来改写的句子，孩子们都说换个说法，句子就大不一样了。我便引导他们，文章过于严肃，免不了给人以沉重感和压抑感；而来点幽默，讲点俏皮的话，不仅读起来活泼有趣，而且使文章形象生动，富有文采，我们要经常让句子"换个说法"。

以后，每每遇到孩子在作文中习惯性地运用老套的词句时，我总会用红笔画出，提示他"换一种说法"。而学生往往会心一笑，按照我教过的方法认真琢磨去了。对于他们用心写出的富有创意又恰到好处的词句，我则是大加赞赏。逐渐地，学生作文本上的套话就在不知不觉中"销声匿迹"了。

作家秦文君曾慨叹："现在儿童语言变得越来越贫乏，不能不引起人们的担忧。"其实，孩子们阅读量并不少，口头表达头头是道。但是如果他们不愿在写作过程中勤思多想，开拓思路，表达是不可能有新意、有见地的。所以，我们老师要经常提醒孩子，"换一种说法"，促使他们认真推敲，另辟蹊径，选择恰当的语言来反映笔下的事物，从而使作文写得不落俗套，使语言具有生命力。

29

"二次作文"要有"点睛"本领

对于提高学生作文能力，不少老师认为"多写"是一个法宝。但是，一个学期下来，少说有七八次大作文，七八次小作文，其间还会布置一些周记、小练笔，习作的训练量可谓不少。然而，为什么学生的作文总是没有显著进步呢？在我看来，问题往往出在没有抓"多改"。

好文章是改出来的。学生的写作水平之所以始终停留在同一层次，是因为我们习惯于匆匆忙忙写几篇作文，重"写"而轻"改"。其实，单纯追求训练的"量"，还不如指导学生认认真真地改一篇作文，提高训练的"质"，让学生收获更大。

我喜欢在"一次作文"后进行"二次作文"。所谓"二次作文"，是指学生在修改、讲评的基础上进行的又一次写作，是学生作文的再次提升。这时就需要趁热打铁，要求老师对"二次作文"快速批改，最好当天写当天批，最为关键的则是教师要练就"点睛"本领，要对学生的作文做有针对性的指导。

如何"点睛"？在我看来，首要的自然是发现学生习作中的亮点。对一些作文水平一般的学生，教师批改作文时，绝不能横加指责，甚至全盘否定，这样会挫伤学生的写作积极性。我们可以不拘泥于新课标的作文要求来写评语，从学生的角度出发关注他们的心理特征，发掘他们作文中的闪光点，充分地给予积极的评价。

大处着眼，小处着手，不吹毛求疵，从整体上来肯定学生作文的优点，这样的作文评语是值得我们借鉴的——"文章来源于生活，写得真实有趣，入情入理""一些精妙词语的使用，无形中为文章增添了不少情趣""对人物的语言、神态、动作等，进行精心细致的描绘，这是本文的一大特色""结尾恰到好处地点明中心，语言朴实而含义深刻，耐人寻味"……以上评语灵活多变，用心分析了学生作文的优点，及时地给予褒奖，对于小学生写作，是一种无形的巨大的外驱力。

当然，有些学生的作文水平确实一般，但若是发现作文中有一些颇有文采的优美词句，也要加以肯定。我曾批改到这样一段话："这时，一阵微风吹过，树上的花瓣纷纷飘落，我沉浸在了花的海洋之中。风停了，我拾起几片花瓣捧在手中，轻轻地嗅，一股淡淡的清香立刻在鼻腔里荡漾开来……"这是一个写作水平非常一般的学生写的，虽然全文特别平实普通，但我觉得这段话写得特别美，随即圈画起来，这样让孩子的写作信心倍增。

其次，我们要找出学生作文问题的关键点。在"二次作文"前，老师的指导很有必要，否则，学生"错而不觉"，一直"在黑暗中摸索"。对学生作文中出现的比较突出的问题，我们要及时点拨指导，防止以后再次出现。网上曾有过这样一个搞笑的段子，是一个孩子的作文片段——"今天是雷锋日，我拾金不昧。在公园捡到一亿元，全部都是 10 块钱的，有一本语文书那么厚！我把钱交给警察叔叔，受到了表扬。"老师评语："你的语文书真够厚啊！"这个笑话让人捧腹之余，更让人深思。其实，老师此时就应该向学生指出，作文要说真话、实话，写叙事的作文不能说假话、虚假杜撰，应当是生活的写照。要留心观察生活，从生活中搜集作文素材，不可以如此胡编乱造。

对学生作文中的不足，我们最好是委婉地提出批评，这样比直接指出更易于学生接受。如我班里有位学生写暑假去河边钓鱼，开头绕弯子，她先写了早上天气情况和爸爸带自己去钓鱼的缘由，又写了开车去河塘的路怎么难走，管理鱼塘的叔叔是怎么交代他们注意事项的，400 多字的作文，这些内容已经占去 300 多字，真正钓鱼的内容就几句话。我给她的批语是："天气情况如何、爸爸怎样决定、开车一路颠簸、河边景色很美、交代注意事项……半天都过去了，什么时候才能钓到鱼儿啊？"

当然，光指出作文中存在的问题还不够，我们还要教给学生一些修改的途径和方法。如一位学生描写滑雪的过程比较简单，作文的总评就可以是"一开始是怎么滑的，成功了没有，然后又是怎么滑的，当时心里是怎么想的，有哪些小窍门，最后成功滑行时是怎样的姿态和心情，都要写清楚、写具体"。又如，学生在描写事情的关键部分时写道"我当时心里很矛盾"，我的批语则为"你当时是怎么想的，将矛盾的心情写具体才能让读者明白，不是吗？"再如有位学生写

《下棋比赛》，写了三局比赛，平均用力。我评道："决胜局让人期待，可以详写，其他两局为了避免行文重复，不妨略写。"老师的批语要能引起学生思考，而不是直接为学生改过来。对一些特别不符合要求的作文，我们更要详细地指出应怎样写，以此促使学生自主修改，获得作文能力的提升。

　　学生在老师的指点下完成"二次作文"的过程，其实是他们在原有作文基础上的一次飞跃。有时，学生完成"第二稿"后，原来的问题解决了，也可能会出现新的问题，则老师再加以指导，学生再进行修改，完成"第三稿""第四稿"……在这种"教师面批—学生修改—教师再面批—学生再修改"的反复互动中，学生的作文水平将走上一个新的高度，走进一片新的领域。

五年级

文章升格有秘诀

五年级作文教学在中年段的基础上，重点着眼于篇的训练。有人认为这时的学生已经过了仿写阶段，不必出示什么范文了，我认为不尽其然。写作贵引，依引写文，文思如泉。三年级的范文是让孩子有意识地比较它们各自的写作特点，学习同一件事的不同写法；四年级的范文是开拓学生思路，启发学生思考能不能找到更好的写作方式；而到了五年级，老师出示的范文，则最好是老师自己的"下水文"，目的是通过自己的写作过程，体会作文的难点，有目的地对学生进行指导，或是引发孩子的习作兴趣，使之成为一种有效的示范。

在这个阶段，习作教学中出现的最大的问题，就是忽略"说真话"的重要性。尽管我们在讲作文技法时都会讲到写作要有真情实感，可学生在实际写作中却很少被鼓励说真话。如果我们对作文的指点和评判，使学生们对于说真话心存顾虑，而让他们学会说"主流话语"，表达自己并不存在的思想感情，这样会让学生在写作中失去感觉和判断力，失去寻找素材的能力。所以，他们遇到的最大问题就是不知该写什么。因此，作文教学重要的一点就是，不要把孩子引向虚饰的表达，要教会他们从真实的生活出发，可以把正在发生的"这一刻"写进文章，可以巧借"偶发事件"发掘作文素材，还可以还原生活场景妙写"趣味"，从而帮助孩子寻找写作之源。

在作文最大的技巧——说真话——的基础上，我们再逐步渗透一些习作小技巧给孩子们。比如，在审题中，如何对老题目进行展开和深掘，写出不落俗套的新意来；在表达过程中寻找"曲折点"，打破章法的平淡，掀起一点波澜，设一点悬念，让小小的文章尺水兴波；在段与段之间要拒绝"万能过渡句"，使一篇作文前后连贯，行文顺畅；消灭作文"概括句"，学会抓住特点进行具体细致的描写……学生掌握了一定的习作方法，写起作文来才会游刃有余。

为了激发学生习作的兴趣，对写得好的文章和进步快的同学的文章，可以采取在班内张贴、推荐校报刊登、向报纸杂志投稿、参加作文比赛和征文等方式，增强学生写作的荣誉感和成就感，让孩子的作文不仅仅停留在作文本上——这对于写作初期的学生而言，也是激发他们写作兴趣的动因之一。如果我们能够让学生愿意写作文，爱上写作文，就不愁他们写不好作文了。

30

把"这一刻"写进文章

到了五年级，孩子们逐渐适应了独立习作，可我总会听到一些孩子的抱怨——这有什么好写的！我就反问他们，什么是不好写的内容？孩子们就会努努嘴，七嘴八舌地举起例子来——如考试、上课、做操、放学回家等司空见惯的场景，真的没什么好写！而且，反复强调"真的真的"没啥好写的，希望老师不要为难他们。

这一来，我倒是觉得奇怪了，每天我们都经历着这些事情，熟悉的事情不写，难道天天守株待兔似的，等着轰轰烈烈的大事发生？难怪学生都喜欢虚构写捡钱包、捉小偷的情节，敢情他们认为这些才算是"好写"的内容呀。我得转变孩子们这样的想法。于是，我在作文课上特意让孩子们写一写"这一刻"发生的事情。

孩子们面面相觑——这一刻，很正常啊！没发生什么事情呀！我笑着反问："你们确定没发生什么吗？老师可看到很多发生的事情哟！"

学生们更疑惑了，你看看我，我看看你，觉得不可思议，很想找出答案，又觉得无从下手。我说："那就看看老师看到了哪些事情吧——这一刻，同学们都在思考老师留下的问题。佳琳同学一脸迷茫，看看同桌，希望能从同桌那儿得到点讯息；克熙同学已经坐不住了，回过头，和同学七嘴八舌讨论起来；子健同学一脸不服气，摇摇头，拿笔敲敲桌面，觉得老师是在忽悠自己……再看崔老师，哈哈，她看着大伙儿的样子，忍俊不禁，为自己能难倒大家而暗自得意……"听了我惟妙惟肖的现场描绘，一下子，教室里笑翻了天。

"这一刻，还是蛮有趣的吧？"我再提"这一刻"，学生们都点头表示"这一刻"真的很有意思。

"好吧！那你们就开始写现在的'这一刻'吧！你们要用心观察哟！"我布

置了任务，孩子们开始写起他们认为"没东西可写"的作文来——

　　这是一节作文课，教室里静极了。大家都低着头在写着，笔尖敲在桌面上，一片笔尖摩擦纸张的"沙沙"声；一个同学轻轻地咳嗽了一声，就赶紧忍住了；另一个同学打开文具盒在翻找着，想找一支最得心应手的笔赶紧完成作文。老师在我们的座位中间巡视着，皮鞋踩在水泥地上，发出有节奏的"哒哒"声。但老师控制着这声音，只是轻轻地迈着脚步，偏着头看我们的习作……我知道，她生怕影响我们写作文的思路。哈哈，她还不知道自己已经成了我的观察对象了！

　　我的同桌看来有点而卡壳，瞧，她正在转动着手里的笔杆，手指特别灵活，转的速度也很快，但眉头却是紧锁的，一定是想不出还有什么好写的内容，所以才不停地做着"小动作"呢！

　　呀，不好，老师的目光突然射向了我，她一定以为我在"开小差"呢，那目光好像在对我说："赶快写文章啊，你看，别的同学都在加劲写呢，你可别落后呀！"我赶紧埋下头去，奋笔疾书，将有意思的这一幕定格下来。

　　瞧，这个孩子将"这一刻"写得多生动呀！我告诉孩子们，其实，许许多多的作家就是用这样的方法把文章写出来的，这个方法叫做"深入生活，体验生活"。生活是平淡的，但你要学会发现有趣的"这一刻"。

　　此后，我常布置学生写"不好写"的内容，让他们带着眼睛、耳朵、鼻子、脑袋，去发现值得写一写的"这一刻"。

　　这是《放学路上》的"这一刻"——

　　从学校到家，这条路我已经走了好几年了。过去都是爸爸开车接送我回家，路边的景色总是一晃而过。昨天爸爸带我步行回家，我终于有机会可以观察这条路了。这是条老街，路不宽，但两旁树木却郁郁葱葱、枝叶繁茂，显示出它的历史悠久。街两旁的店铺不计其数，走在这条街上，吆喝声、喇叭声不绝于耳，瞧，卖香蕉的极力推销他的香蕉——"五块钱三斤，不好吃不要钱啦！"烤玉米的老太太剥出一个烤熟的嫩玉米，向路人展示着它独有的香气，让人忍不住驻足购买。卖烤串的忙得不亦乐乎，烟雾袅袅，让人看不清他的表情，却能从他的口哨声中感受到他轻快的心情。

一到放学时，这条路上香味扑鼻，人头攒动，充满着生活的气息。

这是《考场上》的"这一刻"——

　　发试卷了，乱嗡嗡的教室顿时安静下来，静得连针掉在地上都听得见。这就是考场，这就是我进行战斗的"战场"。我真羡慕那些正襟危坐的同学，他们沉着冷静，成竹在胸，而且嘴边还挂着一丝微笑，等待着试卷发下来。我的心却跳得几乎要蹦出来似的，怎么老镇静不下来呢？蓦地，我仿佛看见一双眼睛看着我，啊，那是妈妈亲切的目光。就在这一瞬间，我冷静了下来，拿起那支凝聚着大家厚望的笔，拼搏！"叮——"清脆的铃声响了，战斗的号角声响了，教室里更静了，只听见笔在纸上"沙沙"书写的声响……

这是《广播操比赛》的"这一刻"——

　　你瞧，《运动员进行曲》响起来了，不管低年级还是高年级，同学们个个信心百倍，斗志昂扬！三年级比完了，四年级比完了，终于轮到我们了！大家穿着运动服，步调一致，精神饱满地入场了。熟悉的旋律在耳边响起，我们跟着欢快的节拍，做着整齐划一的动作——伸臂时，同学们像一只只展翅欲飞的雄鹰；抬头时，大家又像一位位充满信心的登山者；跳跃时，又像一个个欢快蹦跳的小兔……每一节广播操，都充满着力量和希望。

可以说，没有情境，就没有作文，任何作文都需要在具体可感的情境中完成。让学生学会捕捉那些难能可贵又极易忽视的"这一刻"，并在脑海里不断浮现，形成连续的活动的画面，不断引发相应的感情，只有这样，他们笔下的文字才会变得鲜活起来。

31

"下水文"的魅力何在

教师是否要写"下水文"？对此，历来有"岸上指挥"与"下水示范"两种习作指导观。两种观点各有千秋。

有反对者曾列出诸般弊端，比如：新课程倡导个性化和创造性的自由表达，"下水文"的范例性质会制约学生的创造力；"下水文"水平参差不齐，有的难免对学生形成误导，难以具备示范性，反而会妨碍学生广泛参阅名篇佳作；等等。

但也有不少支持者引经据典地指出，叶圣陶老先生说过："要是老师自己经常动动笔，就能更有效地指导和帮助学生。"语文教育家刘国正先生也说："你要教会学生写文章，自己要先乐于和善于写文章，教起来才能左右逢源。犹如游泳教练自己要专于游泳，钢琴教师自己要精于弹琴，道理是很简单的。"

不管这两个观点如何交锋，作为一位常年在高年段教学的语文老师，我还是喜欢写一写"下水文"，因为它的确有自身独特的魅力。

虽然到了五年级，作文也完成过无数篇，但不少学生对于写作文还是比较发怵的。当我板书作文题目时，总会有几个学生开始轻声叹气："唉，又要写作文了……"往往还没写就先来了畏难情绪。

一天，我布置写《童年趣事》。课堂上，我让学生们明确了习作要求后，提议他们先交流一下自己在童年时代最有趣的一件事。学生们说的大同小异，不是钓鱼就是去放风筝，而且都是一句话概括，干巴巴的没有什么精彩内容，课堂气氛十分沉闷。怎么办？我也不知从何指点，忽然灵机一动，我提议道："这次，老师也来回忆一下自己的童年趣事，我和大家一起来写这篇作文吧！"学生们露出惊喜之色，因为对他们而言这是件新鲜事。

开始写了，学生们都埋头动笔，教室里很是安静，我也投入了写作的行列，跟他们一样时而冥思，时而匆匆下笔……渐渐地，随着写作思路逐渐清晰，我发现如何选材和如何体现出"趣"，将是这次习作中孩子们会碰到的"拦路虎"，我决定在自己的文章中特别突出这两点。大约十几分钟之后，我把自己写的"下水文"的片段读给学生们听——

> 我要上一年级了，全家把它当成一件大事。爸爸认真地对我说："女儿，明天我要给去你买件新文具——垫板。"当时的我，还不过六岁，听见爸爸提到的"电板"，便立刻兴奋起来——因为带电的都是好玩的玩具呀。你瞧，隔壁的阿毛有电动小火车，会"呜呜"地开，真神奇；小伙伴田田的电动小风扇能吹出风来，真好玩；总算我也有一件带"电"的宝贝了，太棒了！于是，眼巴巴地等待爸爸回来。

> 时间是那么漫长，这个中午第一次如此难熬。终于，爸爸的身影出现了！我手舞足蹈地迎了上去，爸爸笑盈盈地将一张塑料的平板递给了我。"这是什么？"我拿在手里左瞧右看，真不知道这是个什么玩意。爸爸笑着说："给你买的垫板呀！""这就是电板？哪儿可以装电池呢？"我一脸怀疑，以为爸爸在戏耍我。

文章虽未写完，但我给孩子们一读，他们的眼睛立刻亮了，精神也振奋起来。有的情不自禁地叫起来："有意思，真有趣！"还有的听到精彩的句段，不自觉地重复起来。当他们再写时，一个个不再是愁眉苦脸，面露难色，而是或冥思遐想，或灵机一动进入了"状态"。有许多学生的脸上还带着微笑，似乎真正体会到了写作的乐趣。不知不觉，下课铃响了，他们意犹未尽，还要接着写。这可是"史无前例"的，太棒了！我想，孩子之所以这么欢迎老师的"下水文"，一是可能觉得老师跟他们一样来体会写作的甘苦，特别有亲切感；二是因为他们从我的文章中受到了启发，体会到了写作的规律和运笔行文的微妙所在，我的下水作文使他们"茅塞顿开"。

读读他们的文章，选择的题材也由单一变得丰富起来：有的写自己童年捉蜻蜓的乐趣；有的写把"瓜子"写成"爪子"后闹出的可笑一幕；还有的写担心自己吃西瓜子会头顶长出西瓜秧的忐忑心情……这次学生们的题材开阔了，还能写得具体生动、妙趣横生，让批阅的我也忍俊不禁。

我知道，自己的文章并不能堪称范文，与名家名篇的相距甚远，但孩子那么喜欢我的"下水文"，只是因为学生对自己老师的习作更感兴趣。再者，老师与他们日日相处，共同经历的事情太多了——学校开运动会，组织春游，举办读书节、英语节，师生们可以同写这些有意思的事；上了一堂特别的课、校园盛行某种游戏、发生了偶发事件，师生也可以一同关注它，写事件的过程，写自己的认识……"下水文"所写的都是学生感兴趣的、熟悉的人和事，它是那样真实地走进学生的心灵，写出了学生的心声。所以，孩子们在听老师习作时会心情激动——啊，老师写的，我们全读到了，我也有类似的东西要写，我也能写得这么好！于是，孩子们一个个跃跃欲试，真正体会到了写作的乐趣，而这，不就是"下水文"特有的魅力吗？

32

人物特点的扫描与聚焦

写人的习作在教材中所占比重较大，其要求也是螺旋上升的——三年级习作的着力点放在人物的外貌描写上，四年级习作就重在选择具体的事例展现人物的一个特点；五年级习作则需指导学生通过典型事例，采用多种方法，将人物的特点写具体、写生动。到了六年级，要让孩子们尝试通过人物的外在行为展现他们的内心世界，含蓄地表达亲情的主题。

因而，五年级的习作"形形色色的人"就是一次写人作文的再提升，需要学生能从生活中发现有特点的人，并通过文字让其特点鲜明起来。虽然，学生从课文中习得不少写人的方法，像选取典型事例，对人物进行动作、神态、心理等细节描写，将正面描写与侧面烘托相结合等。但是，如何灵活地将这些方法运用到自己的习作中，让生活中那些有特点的人跃然纸上，这才是难点所在。

古人说"文无定法""文成法立"，那是对于写作大家来说的，他们厚积薄发，灵感乍现，妙笔天成。而对于孩子习作来说，恰好要反过来，要先习得方法，有"法"可依，有文可例，揣摩依仿，再写成文章，是"法立"先于"文成"。因而，我从自己入手，帮助学生打开思路，寻找写好人物的方法。

我一开场就给孩子们卖个关子："在我们的生活中会遇见形形色色的人，他们各有特点。比如，你们眼前的崔老师，在学生眼里是个擅长写作的人，那么我的学生就会写——爱写作的崔老师；在同事眼里是羽毛球打得超棒的人，如果我的同事写我，就会写——爱打羽毛球的老崔；而在她儿子眼里，我是个什么样的老妈呢？你们猜一猜。"孩子们给了我许多答案——严厉的老妈、幽默的老妈、爱打扮的老妈……我笑着点头道："我非常喜欢你们大胆的想象和有趣的联想，这是写好作文的很重要的一点。不过，我得卖个关子，一会儿再揭晓谜底。"我让大家开启"头脑风暴"，想一想，在生活中会遇到哪些像老师这样特点鲜明的人，抓住自己印象最深的一个，用"＿＿＿的＿＿＿"的形式来概括一下他的特点。

学生说了很多——调皮的弟弟、爱哭的妹妹、臭美的妈妈、爱抽烟的爸爸、"小书迷"张红、"灌篮高手"张晓冰……我将这些有特点的人分成三类写在黑板上，让孩子们猜一猜，为什么老师将它们分成了三类。立刻有同学发现，一类是表现人物特长的，一类是展现人物爱好的，一类是体现人物性格优缺点的。我立刻告诉他们："这些人年龄不同、职业不同、特长不同、爱好不同、个性不同，他们和我们一样，都是大千世界中形形色色的人。但是，怎么才能把这些形形色色的人写得特点鲜明呢？这秘诀就藏在我接下来要讲的故事里，大家一定要竖起耳朵听，看看谁能挖掘出隐藏在其中的作文小窍门。"

"路痴"老妈

我知道，在你们眼里，我妈是个"多面手"，她不仅是幽默达人、写作高手，还是羽毛球健将、黑暗料理创作大师。但是，在我的心目中，她最鲜明的特点就是——"路痴"。

说起她的"路痴"经历，真是三天三夜都讲不完。逛商场时，她会在同一个地方转悠三遍，然后很惊讶地问："我记得，刚才那个柜台卖的也是这些衣服，它们是从同一个地方进货的吗？"嗨，那不就是同一个柜台嘛，她自个儿都转糊涂了！去旅游时，广播里在喊"请带小孩的家长看好自己的小孩"，而我这个小孩却要看好我妈，因为她根本分不清东南西北，能把一条笔直的马路走出迷宫的感觉。要是去其他学校听课，她不仅要求同事把路线图画出来，就连经过的桥长啥样都要手绘一遍，否则她走到天黑都找不到校门在哪儿。

你别笑，我妈真是这样的人，要是不信，我就给你举一个典型事例吧！这天，她要开车送我上学，我立刻把头摇得像拨浪鼓："妈妈，你就算了吧，别还没把我送到学校，你就迷路了！"她拍着胸脯说道："这回不用担心，因为我有神秘武器！"你要问啥神秘武器，哈哈，告诉你，那就是汽车导航，听着导航走，肯定没错！我半信半疑地上了车，妈妈自信心爆棚，吹嘘道："嘿嘿，你妈今天认路水平如何？我以后就可以摆脱'路痴'这个绰号喽！"刚说完，就听导航提示："前方路口——右转！"她一看，右边是个废墟，没法转，就一咬牙，继续往前开。很快，导航提示："前方路口——请掉头。"刚掉完头，导航又提示："前方路口——左转！"哎呀，左边不还是原来那废墟嘛！再往前开，导航又提示："前方路口——请掉头！"妈妈听着导航的指挥，顿时慌了神，她就像个陀螺，开着车，前前后后，转啊转啊，转啊转啊，彻底迷路！

最终，我绝望地下了车，打车去了学校。而她又一次灰溜溜地承认，自己就是一个名副其实的——"路痴"！

听完这个小故事，全班孩子都哈哈大笑起来，因为他们立刻反应过来，文中的这个妈妈就是远在天边近在眼前的崔老师。而现在，他们也知道了，我在自己儿子眼中最鲜明的特点就是——"路痴"。

轻松的氛围，幽默的故事，拉近了学生与作文的距离，他们分小组梳理故事的结构，很快找到了这个故事中隐藏的写作秘诀。孩子们分析得头头是道——文章在写"路痴"老妈的时候，用上了好几个事例，比如：逛商场时，一直逛同一个柜台；去旅游时，要看好老妈；去听课时，要画线路图；送"我"上学时，开着导航都会迷路……这些都是能体现人物特点的典型事例，能让笔下的人物与众不同、独一无二。

我又让孩子们对比这些事例，找找其中的规律。他们很快发现文章第二段一口气写了三件事，分别是妈妈逛商场时、去旅游时、去其他学校听课时的"路痴"经历，而且都是概括地写，用力平均。

"为什么这么安排事例呢？"我故意卖了个关子。这时，一个孩子答道："是因为它讲到了妈妈'路痴'的很多种情况，就是说明妈妈在生活中一直是这样，就能鲜明地突出老妈'路痴'这一特点。"

我夸赞道："你真是个会发现的孩子，的确是这样，我们可以用镜头对生活中的点点滴滴全面扫描，把那些典型的小事列举出来凸显人物的特点，这种方法谁来给它命名？"一个孩子脱口而出："全景扫描法！"我将这个方法写在了黑板上。

有孩子又发现第三段和第二段所用的方法不同，它写了一件十分具体的事，描写非常细致，让人印象深刻。我立刻肯定了这个孩子的观点："是的，除了用全景扫描法进行多角度简略的概述，我们还可以抓住'关键时刻'的某一件事进行详写。大家再想想，这件事是如何写得让人印象深刻的呢？"学生便开始仔细分析起来——"妈妈听着导航的指挥，顿时慌了神，她就像个陀螺，开着车，前前后后，转啊转啊，转啊转啊，彻底迷路！"这里用神态描写、动作描写突出了妈妈迷路时的样子，突出了她"路痴"的特点，这些都属于细节描写。"她拍着胸脯说道：'这回不用担心，因为我有神秘武器！'""妈妈自信心爆棚，吹嘘道：'嘿嘿，你妈今天认路水平如何？我以后就可以摆脱'路痴'这个绰号喽！'"这些是语言描写，此刻的得意反衬了后面的尴尬。而儿子的反应则烘托出妈妈路痴的特点，属于侧面描写。

　　一番头头是道的分析研究后，我又让孩子为这种写作方法命名。一个孩子说道："作者为了表现妈妈'路痴'这一鲜明特点，先是将妈妈的语言、动作和神态都聚焦到这一特点上来，又通过他人反应来侧面烘托这一特点，给妈妈'路痴'这一形象一个全方位的特写镜头，因此我觉得可以叫这种方法为'特写镜头法'。"这一命名也得到了同学们的认可。

　　于是，"全景扫描法"和"特写镜头法"就在孩子们自己的研究中隆重登场，有了这两大"绝招"，教室里进入了安静的写作状态。你看，有位孩子写的《"马大哈"老爸》是不是巧妙地用上了课上所学的"招式"？

"马大哈"老爸

　　爸爸虽然很关心我，但他总是丢三落四，所以在我看来爸爸是全世界数一数二的"马大哈"。

　　你瞧——要出门时，他发现自己的眼镜不见了，就像个没头苍蝇到处乱转；要开车时，他找不到车钥匙了，只能看着汽车干瞪眼；充电时，光插了手机，充电线另一头忘了插电源，结果充了一上午还是零格电，他以为自己的手机电池坏了……每次他"马大哈"起来，都让人哭笑不得。

　　让我印象最深的就是那一次下班后，爸爸发现手机不见了，就让我和妈妈帮他找。妈妈说："手机是最好找的东西了，打个电话不就行了。"说着，妈妈就拨了爸爸的号码。可是，我们四处去听，也听不到手机的声音。爸爸恍然大悟道："哎哟，我想起来了！"我和妈妈以为爸爸想起了手机在哪里，都把目光投向他。爸爸皱着眉头说："今天下午开会，我把手机调成静音，震动也关了，打电话是没用了。"手机到底去哪里了呢？看来用常规方式是不行了。只见妈妈拿来一张纸和一支笔，让爸爸把下班后干的所有事情写下来。爸爸也没辙，像个犯了错误的小学生一样，一边想一边写。我看爸爸写道：在沙发上看手机，在餐厅吃饭，收回晾在阳台的衣服，到厨房刷碗……我忽然灵光一现，跑到爸爸的衣柜前，把爸爸刚收好的衣服都拿了出来，拿着拿着，我摸到了一个硬邦邦的东西。"我找到了！在这里！"我大声叫着。妈妈看到藏在衣服里的手机一脸疑惑，爸爸一拍脑门说道："哎呀，我这记性！我把阳台晾干的衣服往柜子里放的时候，查燃气表的人来敲门，我准是随手就把手机放这里了。我的错，我的错，明天我给你们炖肉吃，犒劳你们两位……"

唉，我有个这么"可爱"的老爸，你们说咋办呢？

你看，孩子们自己发现规律，自己给作文方法命名，运用自己总结的写作知识，一节作文课就这样变得有趣而深刻起来。其实，学生是写作学习的主体，我们可以尝试让习作知识原创化——写作的过程就是习作知识的生产过程，是习作知识图像化的过程，也是思维支架搭建的过程，而这也更契合孩子写作的内在规律。

33

"沉浸式"编写探险故事

最近有个词超级火，叫作"沉浸式"，比如"沉浸式化妆""沉浸式体验"等，你一定没想到，竟然还能"沉浸式写作"。

这天，我要带着学生完成统编版五年级下册习作六"神奇的探险之旅"。我一看，编一个惊险刺激的探险故事——这是多么吸引人的活动啊！学生大多喜欢天马行空地想象，在想象中满足探险的欲望。看到这篇作文，他们一定会充满兴趣，拿起笔来，文思泉涌，就好像真的经历了一次惊心动魄的探险一样。

但是，静下心来一想，这习作挺有难度。"探险"被定义为到从来没有人去过或很少有人去过的艰险地方去考察、探究自然界情况的活动。对于五年级的学生而言，探险的直接经历和经验基本上是不存在的。天马行空的想象，固然会让人觉得新奇，但是如果没有一点科学依据和推理，就会让人觉得不真实，无逻辑，因此，这篇作文还需要一定的知识储备，学生至少得知道一些户外生存常识、动植物百科、天文地理、急救知识等。

于是，在写作前，我给孩子们布置了三项任务：一是搜索热带雨林、沙漠、冰川等探险资料；二是了解相关急救的知识；三是阅读探险类的文学作品，尝试从中寻找写作规律。

开始准备"探险"了，我问孩子们："书上提供的备选人物表中，一栏是经验丰富的探险爱好者、知识渊博的生物学家和见多识广的向导；另一栏是好奇心强、性格活泼的妹妹，胆子大但鲁莽的表哥，以及心细而胆小的同学，你打算带谁一起出发？"这是一个巧妙的设计，前者负责利用科学知识，帮助大家脱险，后者负责制造麻烦，推进情节，这样的人物设定显得层次丰富而有趣。按照作文要求，学生从两栏中各选一人，加上自己，组成了一个三人探险小队。

我又出示了一组探险物品——指南针、瑞士军刀、数码相机、帐篷、手电筒、冲锋枪、麻醉枪、食盐、肥皂、哨子、对讲机、火柴……问孩子们："以上物品中，你认为哪些东西是探险中必不可少的呢？理由是什么？"

一番准备完毕，我开始制造氛围，创设情境："各位探险队员，经过紧张的筹备，我们的探险之旅即将启程，咱们搭乘直升机前往热带雨林，飞机即将起飞，请大家系好安全带。"电脑喇叭开始播放飞机起飞和降落的声音，教室里顿时一片安静，孩子们都坐得笔直，似乎正在飞机上航行。

"各位探险队员，飞机已安全降落，热带雨林就在我们眼前，现在需要我们步行前往，大家背上行囊开始出发。"这时，鸟叫声响起，似乎真的来到了密密层层的原始森林，"热带雨林充满了未知的神秘，让我们用心去发现，用心去感受。孩子们，此刻你仿佛看到了怎样的景象？"

富有启发性的导语，大量真实的图片，再配上应景的音乐，探险的感觉扑面而来，孩子们顿时有了身临其境之感，他们很快进入探险情境，描绘着自己仿佛看到的景象——"踏入热带雨林，映入眼帘的便是一片茂密的绿色，树木直插云霄，树叶遮天蔽日，周围弥漫着薄薄的雾霭，空气湿热，让人有点压抑。""这儿树木林立，枝繁叶茂，盘根错节，给人一种宁静和神秘的感觉。树梢上挂满了缠绕的藤蔓，还有各种色彩斑斓的花卉。"

我接着引导："我们继续前行，虽然景色奇异，但这儿总让人提心吊胆，在这密密层层的森林中，究竟有什么在等待着我们呢？"一阵让人忐忑的音乐响起，大家都屏住了呼吸。

"渐渐地，走入了森林的深处，这里危机四伏，请大家注意前方——"紧张刺激的音乐响起，似乎真的遇见了不可预知的危险。这一刻，班里胆小的孩子竟然面露惊恐，我趁热打铁——"有危险了，快跑！""小伙伴遇险了，赶紧救援！"

在我充满渲染的描述中，教室里顿时慌乱一片。等大家稍事平静，我又缓缓叙述——"终于脱险了，眼看夕阳西下，探险小队开始踏上回大本营的路……好了，就让我们在大本营席地而坐，抖落一身的疲惫，开始分享今天惊心动魄的探险之旅吧！"

整节课开启了"沉浸式写作"，孩子们完全入情入境，通过音乐、图片以及暗示性语言的渲染，唤醒学生的阅读记忆，唤醒他们的内心体验，建构新的情境，为生出新故事埋下伏笔。所有人都参与其中，将自己代入剧情，找到灵感，沉醉于写作活动之中。在分享探险故事时，孩子们争先恐后地讲述自己的探险经历，现场气氛活跃——有讲勇斗鳄鱼的，有讲看见食人花的，有讲遇见沼泽的……真是惊心动魄，高潮迭起。

之后，我给他们附上写作小锦囊：（1）你的描写能否让人身临其境？（2）你关注到不同性格的队友在探险中的表现了吗？（3）野外生存的工具和人物能派上用场吗？在锦囊的提示下，学生能有意识地运用环境描写来烘托险情，制造惊险刺激的氛围，并运用语言、动作、神态、心理等描写来刻画人物，使情节跌宕起伏，一波三折。同时，在遇险过程中能关注不同性格的"探险伙伴"的表现，将天马行空的想象和合理的科学知识嵌入，这样设计更贴合真实探险情境的需要，也让习作更开放，让表达拥有了更大的可能性、惊喜感。

有孩子写遭遇沼泽的困境——

> 我在前面跑，突然脚一滑，掉进了沼泽里。我惊慌极了，大叫起来："救命啊！"我拼命挣扎，想摆脱这沼泽，可是却越陷越深。表哥十分焦急，想把我拉上去，可距离有点远，根本没法靠近我。完了，这次真完了！我面如死灰。叔叔一把拉住表哥，大声冲着我喊："不要动，脱去衣服，铺在沼泽上增大受力面积，身体呈倾斜状，慢慢抽出双腿，将身体趴到衣服上，这样会减缓下陷速度。"我赶紧照着向导的要求去做，刚趴在衣服上，他已在附近找到一根粗大的树枝伸向我。我抓住树枝，大家用力一拉，将我从沼泽里拉了上来，真是有惊无险！

有的孩子写自己遇到蛇的险境——

> 叔叔一边走一边采集着标本，我和妹妹则好奇地东张西望。忽然，我们听到地上不断有"窸窣"声传来，我们立刻加强了警惕。突然，妹妹尖叫一声，我定睛一看，一条两三米长的蛇正缓缓爬来。在我们惊慌失措时，叔叔大叫："千万别动，不要惊动蛇。"妹妹胆子很小，站在那里脸色煞白，丝毫不敢动。蛇吐着红色的信子，离妹妹越来越近。我既紧张又着急，这时，妹妹身子一晃，退后一步。蛇像发现了目标似的，迅速向妹妹游去。说时迟那时快，叔叔抓起一根尖头树枝，用力击中蛇的七寸。那条蛇被击

中后抽搐了几下，终于一动不动了。我们这才松了一口气……

有的孩子写在河边和鳄鱼相遇——

　　"啊！"正在河边喝水的我，发现一个石块动了起来——不好，那是鳄鱼。被我的尖叫声惊动，鳄鱼抬起头，张着它的血盆大口向我爬来。我捡起身旁的石头，猛砸过去，可是丝毫没有威胁到鳄鱼，反而激怒了它。只见它从水中迅速爬了过来，我吓得转身就跑，那只鳄鱼对我穷追不舍。"嗖"的一声，一个东西犹如一支离弦的箭从我眼前飞过，我定睛一看，原来是表哥发射了一支麻醉针，可那麻醉针根本刺不破鳄鱼的"铠甲"。就在这千钧一发之际，向导猛地把手电筒向远处扔去，那手电筒的亮光吸引了鳄鱼的注意，它扭转身子扑了过去，我们趁机向相反的方向逃去……

　　这些描写都让我们看到了探险故事中科学的影子，既有想象，又不失真实，读来新奇、有趣。"沉浸式写作"站在学生角度，为他们创设情境，让学生把看到的、闻到的、听到的，以及一切可以感触到的都写出来，如此身心完全投入，笔下的文字方能生动、感人。

34
巧借偶发事件发掘作文素材

作为愿意经常动笔的语文老师，我常常在想，孩子们可不可以像我一样做个生活中的有心人，随时记下一瞬间的感受，哪怕只是一段话，甚至只是一句话、一个词呢？当一个个生活中的浮光掠影被捕捉，成为记忆之中的一丝感动，一个亮点，那么在适当的时候它就会发出一点微光，乃至形成思想的火花，激活灵动的思维，那将是多好的作文素材啊！

比如，在写以节约用水为主题的作文时，他们都会想起那次停电，家里一点水都没有，整整渴了大半天，那滋味别提多难受了！比如，写到小动物时，他们会想到那只流浪街头的小狗，会想到不捉老鼠的猫，会想到笨拙可爱的小乌龟……如果能做到这样，那该多好啊！

可是，孩子们一到作文课上，总是抓耳挠腮，实在不知道自己该写些什么，似乎这是痛苦不堪的事。

这不，我布置了一个作文题《×××，对不起》，将要求说明白了，孩子们又开始"卡壳"了。五分钟过去了，他们依然如坐针毡，难以下笔。我见怪不怪，埋头批昨天的作业，等着他们的灵感乍现。

突然，教室里有人大叫一声——"啊！"立刻引起一阵骚动。

"怎么了？"我一抬头，看见一只蜜蜂误闯进教室，找不到出口，满教室乱飞。孩子们半是惊吓半是兴奋，随着蜜蜂来回飞舞，整个教室顿时沸腾了，闹哄哄的，就像一个菜市场。

我大喝一声"安静！"这才将班级秩序稍稍安顿下来，我让窗口的孩子将窗户都打开，蜜蜂终于找到方向，消失在我们的视野中。

而孩子们又陷入思考作文的沉寂中，这时，我灵机一动，刚才的偶发事件不就是一个很好的作文素材吗？为什么不将它作为一个写作契机呢？

旋即，我将黑板上的题目擦去，对孩子们说："刚才蜜蜂来访大家很兴奋，这个过程你们都亲眼所见，多好的作文题材，今天我们就写一写这位作文课上的不速之客吧！"这一下，孩子们来了兴致，七嘴八舌，议论起刚才的片段。不一会儿，有不少孩子开始动笔，"唰唰唰——"教室里写字的声音如蚕吃桑叶，细细密密，悦耳动听。

一会儿，就有孩子完工了。

作文课上，忽然飞来一个抢眼的小东西——一只迷了路的小蜜蜂，不知它是不是因为想来看看我们在干些啥，就溜达进教室里凑热闹。可是，它也太没风度了，来时也不打招呼，这不随着一声尖叫，它吓坏了我们，我们也吓坏了它。它满教室乱飞，想要找到回家的路。

随着一声尖叫，我们将目光聚焦在这只可爱的蜜蜂身上。它似乎知道自己是教室里的主角，到处飞舞，于是整个教室在欢乐的笑声和尖叫声中沸腾了，场面极为壮观。此刻只有讲台上的老师神情有些惊异，眼睛越瞪越大，她终于抑制不住怒火，发出了命令，全班四十七张脸又一次凝固了，笑容消失了，只有蜜蜂在惊讶这一刻的变化。

一只蜜蜂冲进了教室，看到那么多双眼睛注视着自己，可能是太过惊慌，它的舞步既不优美也不动人，只是在教室上空做无规则飞舞、盘旋。忽然飞到一位女生头上——"呀，吓死我了！"女生尖叫着，拍打着，蜜蜂也被吓坏了，慌忙飞到窗外避难，再也不见踪影了。

瞧，这个随机事件，竟促成了孩子笔下生动的语言，看来，要让孩子做个有心人，教师自己就应当先做个有心人呀！

生活中有多少契机可以把握——正在绘声绘色地讲课时，窗外响起隆隆的雷声，可让学生作大雨将至时的景物描写；拔河比赛后，可以让孩子练习场面描写；要开家长会了，还可以布置学生拟写通知或给爸爸妈妈写一封邀请信……这种种不同寻常的形式，让孩子自然而然地产生写作灵感，从而有话可说，有事可写。

平时的作文训练本是有目的、有计划的，但有时意想不到的突发事件，使学生更容易有感而发，表达出更真实、更自然的情感来。因而，作为引路人的我们，更要有一双发现的眼睛，让孩子不为"无米之炊"。

35

还原生活场景妙写"趣味"

我常常发现，当一群学生聚在一起时，往往喜欢争先恐后地讲述某一个见闻或经历。而这时候，他们个个眉飞色舞，口若悬河，说到激动处甚至手舞足蹈。可见，学生的生活并不缺乏精彩，那为什么在作文中往往就体现不出这种趣味呢？

处处留心皆学问。其实，生活中的一件非常细小、平常的事，都可以写进文章，成为我们的作文内容。这天我就在不经意间创造了一个练笔的好机会。

上课铃响了，会议刚刚结束。我小跑着赶回教室，还没到后门口，我们班的吵闹声就已经飞进了我的耳朵。我不禁有点上火，这群孩子真是"山中无老虎，猴子称大王"，要好好跟他们讲讲到底什么是纪律了。

我想看看是哪些学生在老师不在时有"杰出表现"，于是，轻轻走到后门一瞧，这场景真是混乱：有窃窃私语的，有你打我闹的，有在别人本子上涂鸦的，甚至有隔着过道互踢"佛山无影脚"的……我正想立刻走进教室，整顿纪律，忽然灵机一动，多好的作文素材，干吗就这样白白浪费？

我停住脚，干脆站在隔壁班的后门，专心听自己班里发出的各种声音。说来也奇怪，平日里听到这些无视铃声、无视课堂纪律的吵闹会很生气，可现在，我不但一点不生气，反而希望他们越闹越好，因为越闹就说明越有故事，可写入文章中的素材就越多……

不知是哪个机灵鬼发现了我，大叫一声："老师来了！"教室里的喧闹声顿时消失了，刚才还"原形毕露"的他们又摆出了好学生的姿态，赶紧坐得端端正正，生怕动作慢一点被我抓个"典型"。

我走进了教室，所有的视线都望过来了，忐忑、心虚、不安……我知道他们心里在想些什么。看着他们有点儿紧张的小脸，我笑着问："刚才老师不在的时候，教室都发生了些什么？"

　　大多数学生都有些不知所措，不知道该不该"举报"。我强调："刚才在课堂上的违规行为，今天一律不批评，不计较。请同学们仔细回忆一下，在刚才老师没有进来的时候，教室里都发生了些什么事？可以是你看见的别人做的事，也可以是你自己所做的事。"同学们像得到赦免似的，放松了许多。有个孩子神秘地说："刚才有个同学扔纸飞机。"同学们立即大笑起来，原来他自己就是那个扔纸飞机的人。看到他自揭老底，其他同学也毫不客气，个个争先恐后地说起来，这个说："刚才×××当情报员，居然给我们假情报，说老师来了，让我们虚惊一场。"

　　"好，那让我们还原一下当时的场景好吗？"我说。于是，孩子们嬉笑着，又再现了一遍搞笑的场景——

　　"丁零零……"铃声响了，走廊上、操场上的同学一下子如潮水般涌进了教室。大家端端正正地坐在位子上等着老师的到来。一分钟、两分钟……五分钟……时间过了好久，都没有看到老师的身影，大家开始不耐烦了……几个女生，头挨头，肩并肩，在一起叽叽咕咕不知讲些什么、笑些什么。"哈哈哈"，这是男生们肆无忌惮的笑声，"嘻嘻嘻"，这是女生们想笑又不敢笑的笑声，整个教室成了沸腾的海洋……一个调皮的孩子大叫："快！老师回来了！"喧闹的教室里慌乱一片：串位的赶忙跑回自己的座位上，在一起谈笑风生的则抓起钢笔装模作样地写起作业来，画画的赶紧把自己心爱的画藏起来，还有的拿起书胡乱地翻，拿倒了也顾不上。当这个孩子终于忍不住哈哈大笑时，同学们才恍然大悟，教室里又掀起一阵汹涌的笑浪……

　　多好的场面描写呀！我趁热打铁，随即让学生把今天课堂里发生的事写下来。他们都很兴奋，边回忆边动笔，竟有人写着写着，忍不住笑了起来，他们似乎在文字中找到了自己的影子。

　　批阅完了这次的学生作文，我心情特别激动：这么多充满灵气的习作，让我感到了别样的幸福和成功！

　　你瞧这一段：

　　　　大家欢呼着，好像刚被解放了一样，欢呼的声音，甚至把房顶都掀到了空中，翻了个个儿才回来。"咻——咻——"书本与文具在空中快乐地飞行，教室里是一片欢腾的景象……

更让我叫绝的是这一段：

> 突然，"咔嚓"一声门开了，所有的人好像都被施了定身术，仿佛连空气也停止了流动，大家的目光都停留在了门口的老师身上。"刚才发生什么事了？"老师装作生气地说。一些男生有的故意咳嗽，有的清嗓子，好像提醒大家"誓死保密"。

我相信，有兴趣，有体验，习作就会有生命。有时候，我们不妨以快乐的心情，以欣赏的眼光，以幽默诙谐的笔调，指导孩子去发现生活中的一个个细节，还原生活中的一个个场景，他们笔下的文字就一定能够妙趣横生、韵味无穷。

36

叙事要有"曲折点"

五年级的习作大多是叙事的作文，可是有些孩子的习作总给人以平淡无味的感觉。究其原因，是他们在叙事时不懂得设置"曲折点"。

这天课上，我读了一个孩子写钓鱼的文章，钓鱼需要耐心，读他的文章也需要耐心，因为实在是四平八稳、寡淡无味。我问他："你一定读过《西游记》的三借芭蕉扇、三打白骨精，《三国演义》的三顾茅庐、三气周瑜吧……你能给大家说说，为何作者不'一借'芭蕉扇或是'一打'白骨精呢？"这个孩子笑了，说："如果一借就成功，一打就收场，这样故事多没意思啊！

"是啊，好的故事，都会一波三折，不然就没有可读性。"我肯定他的说法，又说："同样的道理，如果作文的叙事太过平直，没有波折，也就没有人喜欢读。"

在叙事时如何才能做到波澜起伏，扣人心弦呢？我告诉学生，那需要在文中设置"曲折点"，让主角遇到问题或困难，然后让他利用自己的智慧，或是别人的帮助来解决这些问题，达到使文章的结构起伏曲折的目的。

我给了学生一个"一波三折叙事法"的写作模板——开头：想要实现的目标→第一次遇到问题或困难并解决→第二次遇到问题或困难并解决→第三次遇到问题或困难并解决（如果只写前两次便能达到甚至超过规定字数，第三次可以不写）→结尾：克服困难后明白的道理。

根据这个模板，我带着大家一起来改《学钓鱼》这篇作文：

第一部分：想要实现的目标——去钓鱼。

周末的早晨，我正睡得迷迷糊糊，爸爸一把拉开窗帘，阳光一下子赶走了我的睡意。"快起床，猜猜我们今天去干啥？"我睁大眼睛一看，哇！老爸手里拿的是钓鱼竿和鱼篓——我们要去钓鱼啦！我立刻整装待发，和爸爸直奔鱼塘。

第二部分：第一次遇到困难并解决困难——鱼线不听使唤，逐渐找到窍门。

　　小河清清，杨柳青青。我们挑了一个树阴，摆好马扎，一切准备就绪。只见爸爸这个钓鱼老手，熟练地把鱼饵挂在鱼钩上，轻轻一甩鱼竿。"嗖"的一下，那鱼饵在空中划过一道优美的弧线，落入远处的水中。那动作一气呵成，真让我羡慕。我也依样画葫芦，给鱼钩挂鱼饵，用力一甩鱼竿，但没想到看起来简单，做起来难！我甩了半天，鱼线根本不听我的使唤，怎么也甩不出去，就看见鱼饵在我眼前晃悠，这可把我急坏了。

　　爸爸看我的可怜样儿，只好亲自上场，边示范边告诉我诀窍："甩鱼竿要用巧劲，你得一手握住鱼竿，一手捏住鱼线，从身体侧面甩出去。"我试了试，逐渐找到了窍门，虽然鱼线落的不远，但总算搞定第一关。

第三部分：第二次遇到困难并解决——因没耐心而钓不上鱼，爸爸的话让我改变。

　　老爸在树阴下悠闲地坐着，脸色平静，似乎根本不在意是否有鱼儿上钩。可是，没一会儿，就见他猛然用力一拉，一条鱼儿跃出水面，这也太牛了吧！我有点按捺不住，一会儿把鱼钩拉起来看一眼，一会儿又放到水中去。唉，这鱼到底在哪儿呢？

　　一旁的爸爸看到我这样，便放下鱼竿，严肃地对我说："你看爸爸钓鱼时，会把鱼竿动来动去吗？""好像……没有……"我垂头丧气地回答道。"钓鱼不仅需要技术，更需要耐心。你一动鱼饵，那水里的鱼儿就吓跑了，哪里还能上钩呢？"爸爸的一番话，让我冷静下来。然后我坐在那儿，一动不动，目不转睛地盯着水面的鱼漂。终于，水面有了动静，应该是鱼咬钩了，爸爸大喊一声："拉！"我用力一拉，果然，一条鱼儿摇头摆尾，被我钓了上来。这一刻，我欣喜若狂。

第四部分：克服困难后明白的道理——做事不仅要有技巧，也要有耐心。

　　夕阳西下，我和爸爸带着"战利品"踏上归途。这一天，我不仅收获了快乐，也收获了一个人生道理——做任何事，不仅要学会技巧，更重要的是要有毅力和耐心。

成功修改完这篇作文后，孩子们对如何将作文写得"一波三折"有了直观的体会，知道要在文章中设置"曲折点"，再把"曲折点"写详细，这样叙事就有了波澜，作文也就精彩、可读了。

这时，我又问学生："如果我们写'学炒菜'，你觉得作文中可能会有哪些'曲折点'呢？"孩子们掌握了刚才的方法后，他们很快就设计了一堆意外和困难——"切菜不小心把手割破了""油溅到手上了""盐放多了，菜咸了""火太大，来不及翻炒，菜焦了"……

"可是，如果你切好菜，正好油热了，放菜入锅炒了一会，没焦，放上佐料，再次翻炒后熟了，家人一尝，很好吃——要是如此顺利，怎么办？"我故意追问道。

沉默了一会儿，有孩子说："那我们就强行加一点困难和麻烦！"我摇摇头："故事情节要'折'得合情合理，不能硬折，如果一帆风顺，就要顺其自然。但大家想想，切菜时，会担心什么？担心切到自己的手；油热了，菜要倒下去了，会担心什么？担心油溅到手上或脸上；菜炒好了，品尝时会担心什么？担心太咸或太淡……你看，虽然事情平顺，但人物内心微妙的变化，就会形成一定的情感波澜，它也能让故事产生波折。"这下，孩子们忽然发现了增加叙事"曲折感"的又一扇大门：那些表面看起来一帆风顺的事情，其实人物内心并不一定一帆风顺，若是能抓住人物内心的"曲折线"，也能让文章变得精彩。

我又以《刷子李》这篇课文举例，让孩子们梳理了曹小三的心路历程——一开始不太相信师傅的本事，半信半疑；现场看到师傅的本领高超，心生敬佩；看到师傅裤子上的白点，顿生失望；最终知道白点原来是师傅抽烟时不小心烧的小洞，佩服得五体投地。这样的内心情感变化既真实，又达到了"一波三折"的效果，将故事的过程叙述得有声有色。

掌握了"内心曲折法"这个新招式，孩子们尝试着把目光聚焦于人物的心情或情感，去寻找人物内心的"曲折点"来写。一位同学写自己登台参加演讲比赛，就关注了自己的心情变化：进入赛场看到很多观众，紧张害怕→上了台之后突然忘词，一阵慌乱→看着台下妈妈鼓励的眼神，逐渐镇定→顺利地完成了演讲，充满自信→得到评委的肯定，激动无比。整个文章描写了小作者从紧张到镇定，再到自信地完成演讲，最后充满喜悦之情的一系列心理变化，通过内心世界的波澜，展现起伏曲折，精彩地展现了自己一次难忘的演讲比赛过程。

"文似看山不喜平。"在作文叙事时，学生若是能用上"事件的曲折"和"内心的曲折"这两种方式，就能避免平铺直叙，让所写的故事曲折回旋，引人入胜。而作为语文教师的我们，不妨用点时间，教会他们这两个写作小窍门。

37

拒绝"万能过渡句"

升到高年段，孩子们的作文由段落过渡到篇章，所写的作文由"一段式"变成"老三段"，再逐步发展为"N段"。虽然五年级的学生已学会了分段，但他们的文章读起来总让人感到段与段之间脱节，"分段"变成了"分家"，使一篇作文变得前后不连贯，气不通，意不顺。

问题就在于段落与段落之间缺少了必要的过渡。文章从这一段到另一段，好比隔着一条河，河上必须有桥，两段才能连在一块。这个"桥"就是过渡。

为了说明白这个问题，我给孩子们打了个比方："老师现在有两盘冰糖葫芦，色、香、味、数量和质量全都一样，可是左边这一盘是散放的，右边一盘是用竹签穿起来的，大家想吃哪一盘呢？"

孩子们都回答道："右边！"我顺势引导："好，大家都想吃用竹签穿起来的这一盘，为什么呢？因为这一盘糖葫芦用竹签穿起来了，看上去整齐，吃起来方便。其实，我们在文章中，也要加上'竹签'——就是能把文章中那些段落穿起来的过渡词、过渡句。我想，大家一定想让自己的文章成为老师爱吃的那串冰糖葫芦吧？"

几次习作下来，孩子的作文有了过渡的意识，但我却发现有些孩子所用的过渡句竟然是"万能"的——每件事的开头都用"记得有一次"，还总喜欢用"……然后……然后……然后……""……接着……接着……接着……"将句子与句子串联起来，整篇文章就好像在记一个流程图，缺乏美感。

在设计文章结构时，怎样合理地安排材料，使人感觉和谐自然，是需要费一点脑筋的。我让学生玩了一个小游戏——看句子，猜内容，以此来帮助学生理解什么句子才是好的过渡句。

我出示了三个句子，让孩子们猜一猜，上文写的是什么内容，下文可能会出现哪些情节——

（1）自从添置了一台新电脑后，家里增添了不少的欢乐，可也给我们带来了一些烦恼。

（2）此时，我的脑海里又浮现出母亲的另一个形象。

（3）什么叫让成语"活起来"？成语怎么"活起来"？老师这是什么意思呢？教室里一阵骚动，大家交头接耳。

学生最喜欢玩游戏，对此自然是兴趣盎然。对于第一句，孩子们猜，前面会写家里买了电脑后带来的快乐，后面会写电脑带来的烦恼；第二句，孩子们则猜想，前头如果写母亲很和蔼，后头一定会写母亲很严格；而最后一句，前头一定是老师要求大家"让成语活起来"，后面写大家讨论如何才能"让成语活起来"。

我点头称是，反问学生："你们怎么本领这么大，看这一句话，就能猜到前后会说些什么呢？"

"句子里面透露出来的呗！"孩子们肯定地答道。

我由此点拨："其实，刚才大家读到的句子就是过渡句。一篇文章，好比一架运转正常的机器，机器中那些大大小小的零件不仅相互照应，而且还需要螺丝将它们连接起来。文章里的段落也需要相互照应，也需要一些'螺丝'，即过渡句把它们自然、紧密地连接起来。这些'螺丝'个头小，本领大，你看，小小的一句话，承接上文，又透露了下文的信息，多神奇呀！但这些过渡句是根据文章本身的内容而定的，并不是万能的。'记得有一次'也不是万能的吧？"

孩子们笑了，他们也意识到了自己对于过渡句的认识比较狭隘。但是，明白容易做起来难，我趁热打铁，出示了一篇习作，让他们就此尝试修改。

我的妈妈

我的妈妈今年三十多岁，披肩的卷发，圆圆的脸上常常挂着微笑，充满了自信，自信源于勤奋，好学是妈妈最大的特征。

记得有一次，妈妈对英语产生了浓厚的兴趣。于是，她便四处打听，哪儿有英语补习班。一天，她兴高采烈地对我说："儿子，告诉你啊，我报了个韦博英语，这下好了，我们能一起学习了，加油啊！"我有点诧异，我们小学生学英语都难，更别说像我妈妈这样的大忙人，家里的事情都够她忙的，哪里还有时间？平时她总谦虚地自嘲："我老了，记忆力不好了，一点小事都记不住。"那更别说学英语啦，恐怕老妈连一个单词也记不住。

那一天，妈妈笑盈盈地说："今天我上了第一堂课，感觉挺好，老师还发了一个文件到我的邮箱里，那是一个课件，上面有许多习题，要求我们按课程完成。""哦！这么新鲜？"我好奇地说道。"快，你做作业，我把晚饭煮好，等会儿我们一起做课件。""好嘞！"

后来，妈妈打开电脑上的课件，我也在一旁学习。可没过多久，我就觉得枯燥无味，一会儿玩，一会儿学，心不在焉。而妈妈坚持一边敲击键盘，点击鼠标，做课件上的习题，一会儿跟着电脑放出的英语仔细拼读，一边又用手机的录音功能反复确认自己的发音，一会儿又问："儿子，你帮我听下我读的单词是不是准确？"

每天我一起床，妈妈就笑着问候："Good morning！"我也跟着回答："Good morning！"老妈又问："What day is today？"……从此我家多了一门语言——英语。老妈一闲着没事儿，就自言自语地念叨英语单词，由此也引出了一道"风景"。

妈妈还约上几个朋友去泰国旅游，因为那儿通用英语，旅途中她还充当了翻译——真是个奇迹！妈妈勤奋学习的劲头令我佩服得五体投地，现在每当我遇到困难，我都会想起我的榜样——妈妈。

经过一番讨论，学生们根据前言后语，为这篇文章加了一些自然合理的过渡语，这样一来，段落、语句之间顿时就变得紧凑起来——

我的妈妈

我的妈妈今年三十多岁，披肩的卷发，圆圆的脸上常常挂着微笑，充满了自信，自信源于勤奋，好学是妈妈最大的特征。

不久前，妈妈因为想了解更多国家的风土人情，所以对英语产生了浓厚的兴趣。于是，她便四处打听，哪儿有英语补习班。我以为她只是一时兴起，没想到几天后，她兴高采烈地对我说："儿子，告诉你啊，我报了个韦博英语，这下好了，我们能一起学习了，加油啊！"我有点诧异，我们小学生学英语都难，更别说像我妈妈这样的大忙人，家里的事情都够她忙的，哪里还有时间？平时她总谦虚地自嘲："我老了，记忆力不好了，一点小事都记不住。"那更别说学英语啦，恐怕老妈连一个单词也记不住。

又过一天，我刚跨进门，妈妈就笑盈盈地说："今天我上了第一堂课，感觉挺好，老师还发了一个文件到我的邮箱里，那是一个课件，上面有许多习题，要求我们按课程完成。""哦！这么新鲜？"我好奇地说道。"快，你做作业，我把晚饭煮好，等会儿我们一起做课件。""好嘞！"

享用了美味的晚餐后，妈妈就立刻收拾餐桌、洗碗，抓紧时间，打开电脑上的课件，我也在一旁学习。可没过多久，我就觉得枯燥无味，一会儿玩，一会儿学，心不在焉。而妈妈坚持一边敲击键盘，点击鼠标，做课件上的习题，一会儿跟着电脑放出的英语仔细拼读，一边又用手机的录音功能反复确认自己的发音，一会儿又问："儿子，你帮我听下我读的单词是否准确？"

不仅如此，每天我一起床，妈妈就笑着问候："Good morning！"我也跟着回答："Good morning！"老妈又问："What day is today？"……从此我家多了一门语言——英语，老妈一闲着没事儿，就自言自语地念叨英语单词，由此也引出了一道"风景"。

功夫不负有心人，妈妈的英语终于大显神通啦！她约上几个朋友去泰国旅游，因为那儿通用英语，旅途中她还充当了翻译——真是个奇迹！妈妈勤奋学习的劲头令我佩服得五体投地，现在每当我遇到困难，我都会想起我的榜样——妈妈。

有了过渡，行文更加畅达，全文显得浑然一体，这样才能让读者的思路顺利地从上一层次转到下一层次，而不致感到突兀、费解。

大多数时候，给孩子讲解有关写作技巧的高深理论是没有什么效果的，但什么都不告诉他们，孩子们的作文就只能原地踏步。如何用巧妙的方式，让学生在写作时重视"过渡"的使用，又避免单调无趣的"万能句"，才是我们作文教学的要义所在呀。

38

消灭作文"概括句"

　　到了五年级，学生就进入了"初级写作期"，他们有了表达的欲望，也知道作文是怎么一回事了，但他们写出来的作文，却并不完全令人满意。说它不完整吧，时间、地点、人物、事件，这几个要素也都有了，但读上去总觉得不够具体，语言也平平淡淡，没有什么让人眼前一亮的地方。

　　仔细读他们的文章，我发现问题主要集中在不会描写上。你看这个孩子写的作文《拔河》——

　　　　星期四下午，学校组织了一场拔河比赛。下课后，同学们兴高采烈地来到操场。终于轮到我们班上场了，我班的对手是五（3）班，老师把参加比赛的队员按照从高到矮的顺序排好，随着裁判的一声令下，比赛开始了，只见绳子一会儿被我们拉过来，一会儿又被对方拉过去，最后我们输了。虽然有些遗憾，但同学们都觉得这次活动很有趣。

　　这篇作文很空洞，只是干巴巴地叙述了拔河的大概过程。同学们是怎么拔的？队首和队尾的同学动作一样吗？一起使劲时大家有怎样的动作表情？僵持不下的时候，你是什么样的心情？周围的拉拉队是怎样为你们加油的？这些方面都没有作具体的描写。

　　文章没有具体、细致的描写，就不可能给人身临其境的感觉，就不可能生动感人。学生不会描写，最集中的表现是作文中存在不少"美丽极了""感动极了""太让人伤心了""痛苦死了"这样概括式的描写。

　　一天，我和孩子们一起赏析了《记金华的双龙洞》一文，课文采用了移步换景的方法，将双龙洞外洞、空隙和内洞的特点描绘得栩栩如生，并把自己的所见所闻所感交融在一起，整篇文章语言生动形象，让人仿佛身临其境，也随着作者领略了这一大自然的杰作。学完后，我打趣道："若是让你们来写这样的游记，估计开头来句'金华的双龙洞真是好玩极了'，再用个'流连忘返'或'依依不舍'就结束了。"孩子们听了哈哈大笑。

趁热打铁，我告诉他们，在写作时，大家最好不写或者少写"十分可爱""太漂亮了""美极了""真有意思"这样的词句，因为这些都是空话，没有见过或接触过这一事物的读者，根本想象不出这些事物到底可爱在何处，美在哪里。要把笔落在实处——将到底怎么"可爱""漂亮""有趣"写出来。

写作就像练武功，每一个武林高手都需要从一招一式开始练起。因此，我先给学生出了一道题——描述"今天很热"，但说的话中不能出现"很热"的字眼。孩子们很是起劲，七嘴八舌，有的说："阳光炙烤着大地，柏油马路都晒出了油。"有的说："小狗耷拉着舌头，显得无精打采的样子。"还有的说："出门没走几步，我就满身是汗，真想痛痛快快喝杯冰水。"我笑着说："你们看，这样一描写，不就把'天好热'形象地表现出来了吗？你们要强迫自己消灭'概括句'，这样才能把文章写好！"

随后，我又出示了几句学生作文中常见的"概括句"，要求他们将这些句子变成具体可感的一段话。

（1）表妹可爱极了。

> 我的表妹圆圆胖胖的脸，笑的时候嘴旁会出现两个小酒窝。一双"还珠格格"式的大眼睛，一个微翘的小鼻子，透出几分机灵。她平时总是笑嘻嘻的，要是生起气来，嘴唇翘得老高老高。这时，大家就打趣说："哟，这张小嘴真可以挂只油瓶啦。"

（2）桃花开得真漂亮！

> 桃花正艳，枝头上挤满了大大小小的桃花。瞧，那一朵花骨朵儿，在阳光的照耀下，显得那样晶莹剔透，安详地睡在枝头；那半开半掩的花也很美，就像羞涩的少女，时不时偷看一下，又缩回去了；完全开放的桃花，真像一张可人的小脸，粉嘟嘟的，让人心动得想去捏捏，但又怕震落那花瓣儿。

（3）考得很差，我十分伤心。

　　拿到了成绩单，我的心犹如陷进了一个无底洞，很沉很沉。好心情荡然无存，泪水很快填满了眼眶。时间仿佛凝固了，外面欢声笑语，小伙伴嬉戏玩耍，似乎都与我无关……

（4）就要上台发言了，我十分紧张。

　　我忐忑不安地站在那儿，心里扑通扑通地跳个不停，手心里也时不时地渗出冷汗。我不敢往台下看，只是目视前方。那一瞬间，世界上的声音都消失了，只剩下我的心跳声，我感到脑中一片空白。

当"简单句"变成"生动段"后，我顺势引导："写作文就应当这样，把'可爱''漂亮'的特征通过一个一个具体的特征描写出来，把'伤心''紧张'之情通过场景和内心变化的过程展现出来，这样才能让读者感同身受！"

39
点面结合写场面

孩子们总觉得自己的生活平淡，其实，一些习以为常的场面，如升国旗仪式、做值日工作、班级联欢会、课外活动等也是很好的写作素材。我打算就此入手，做一次场面描写的习作训练。

对五年级同学而言，以往的习作中已经有过"场面描写"，只不过那还处在比较模糊的状态。他们在文章中总是会出现一些共性的问题，一是缺少活动的环境以及活动中人物的具体描写，尤其是活动中人物与人物之间的活动联系基本没有，习作要么是只有"点"，要么是粗略的"面"，不会点面结合。二则缺乏条理和重点。由于点面结合不够，写的时候重点不突出，因而常常是流水账式的记录。

今天，为了教给他们写场面的方法，我做足了"功课"——习作前，特地组织学生举行了一次拔河比赛。之后又指导学生结合自己的拔河体验，把同学们拔河的姿势、表情、发出的声音等先说具体，重点写一两个典型人物，像排在第一位和最后一位的同学，或是班上力气最大的同学。我想，学生们亲临现场，有亲身的感受，再加上我的指导，这回学生的作文该是非常出色的了。

可拿到作文一批，我傻眼了：怎么大多数同学只注重典型人物拔河的情景，却缺乏"面"的描写？我不是告诉学生写作要讲究点面结合吗？这到底是怎么回事？

我细细分析了原因，终于找到了病根，孩子们不会把比赛场面先切分后组合，问题主要还是出在了我这里——我片面强调要把"点"写好，为此花了好多的精力。对于"面"的描写，我则轻描淡写，只告诉学生"我们双方互不相让，使尽了吃奶的力气向后拉"就是"面"的描写。是我考虑不周，犯了"就重避轻"的毛病。

在场面中，人与人，人与环境，各种关系交织在一起，但是，我们不可能一笔就全都写出来，因此写场面时，就要考虑先写什么，后写什么，要有一个较为合理的顺序，还要注意详略得当，有条不紊地把各个因素组合成一篇文章。

什么是点面结合呢？我给学生打了个比方："向水面投一粒石子，一圈圈波纹就从石子入水的'点'向外漾开，渐去渐远，这圆形的'面'和'点'组成一幅和谐的图景。春来时，万木竞发，成了一片绿的海，如果这'海'面上点缀上几朵红花，这'点'和'面'又将会是怎样的一幅动人的画面！把这个生活图景移植到作文上，就成了'点面结合'的写法。它是场面描写中非常重要的一种方法。"

像拔河比赛，就有如下的"面"可以采写：比赛场地的情况（设施、布置、环境……）、双方拉拉队的情况、场外观众的气氛（紧张的、欢乐的……）、双方运动员的整体情况（身材、着装、斗志……）。还可以抓住如下的"点"作细致描写：参加拔河比赛的个别运动员的动作、表情，观众中个别同学的动作、神情、语言，"我"的表现（"我"是观众中一员时，则写心情、语言为主；若"我"是运动员之一，以写自己拔河的动作和心情感受为主）。

点面怎么组合呢？也有规律可循，可以以比赛顺序为纵线，先写赛前的兴奋和激动，再写比赛中的热烈和紧张，最后写感想。写比赛中的情况，先写运动员的总体表现再具体写某个运动员的表现，后插写观众及自己的表现。经过切分，学生就懂得场面描写该写哪些方面的内容，如何按一定的规律组合，使场面成为中心突出的有机整体。

经过一番指点，学生开始修改。你瞧，一篇描写"拔河"的片段，就写得很精彩——

随着老师的一声哨声，比赛开始了。同学们摆好了姿势，成弓步，用脚顶着脚，身子向后倾，双手像只铁钳似的，用力抓住大麻绳。绳中间的红绸一会儿移向我方，一会儿又移向对方，互不相让。此时，我方的队员们一个个都红了眼，有的人脸憋得通红，有的人龇着牙、咧着嘴在使劲，还有的人双手紧握绳子铆足了劲向自己的方向拉。双方拉拉队的队员们也齐声呐喊，不停地为自己队擂鼓助威。我的手都拽红了，脖子憋得通红，两只手像刀割一样疼，可绳子还是不动一下，双方进入僵持状态。我咬紧牙关，忍着疼痛，心想：一定要坚持下去，不能放松，要赢，一定要赢。比赛到了关键时刻，我们使劲地拔着，越拔手上就越"狠"，我们的腿不断地往后移，越挪越远，红绸从中点慢慢地向我们这边移近。最后，我们队使出了全力，随着拉拉队的喊声，红绸一下子移向了我方，我们队终于胜利了！

点评时，我给孩子们分析，在这个片段中，小作者没有一个字在说"激烈"，但我们能从字里行间感到比赛的激烈；作者没有说精彩，但我们感到了比赛的精彩。短短的 400 字小文，把拔河比赛的过程写得如此精彩，就因为用了"点面结合"的写法。作者在这篇文章中做到了"三个面"和一个"点"的有机结合。第一个"面"：比赛初，同学们动作的描写；第二个"面"：写双方队员的神情、动作；第三个"面"：写双方拉拉队员的助威。这三个面的描写，就把场上激烈的比赛气氛烘托出来了，然后，作者再写"我"这个"点"。这样就抓住了文章的中心环节——我是怎样比赛的。一场激烈的拔河比赛就这样呈现在读者眼前，让人有身临其境的感觉。

我认为只要我们经常有意识地指导学生对不同的场面进行切分和组合，使学生形成自觉，"点面结合"描写场面就不难了。随后，我结合近期开展的几次活动，比如竞选、义卖、运动会等活动，让学生练习习作，孩子们对场面描写的手法有了更深的体会。

　　竞选活动开始了。20 位候选人按照年级顺序排好，等待主持人让我们一一登台亮相。几分钟对我来说像是几个小时一样。终于，"欢迎他们"的声音响起，我们排着整齐的队伍，第一次登台了。我们按照之前的抽签顺序，排好队，我是第 16 号，早着呢！还有很多时间准备。看到前面的同学，有的自信满满，有的侃侃而谈，有的滔滔不绝，我为自己捏了把汗。前面 15 位选手都一一演讲完，就要轮到我啦。不知怎么的，心中的紧张忽然没有了，剩下的都是整个身体的力量，我走上了讲台，敬了个队礼，并轻轻地向大家鞠了个躬，便开始演讲。我不敢注视大家，只是凝望着远处，用心背诵着自己的讲稿，腿微微有点儿颤抖，但我告诉自己，一定要镇定。"希望大家投给我宝贵的一票！"终于，我演讲完了，感觉大脑一片空白。顿时，台下响起了掌声，我如释重负，心情格外轻松。

义卖活动开始了，整个大操场像大市场一样热热闹闹，摆满了琳琅满目的物品，其中很多还是同学们自己心爱的物品，每个摊位前都被同学们挤得水泄不通。这些摊位各有各的特色，负责售卖的同学纷纷拿出了自己的"绝活"吸引顾客，有的高声叫喊："快来看看，价格优惠，大甩卖啦！"有的挥动着双手热情招呼，还有的打出了"买一送一"的招牌……瞧，我们班的摊位人气最旺，几个"营业员"耐心详细地向同学们介绍自己摊位的物品，他们的热情很有感染力，加上这儿的物品又便宜款式又很多，一下子就被同学们抢购完了。我在自己的摊位上帮助老师收钱算账，忙得满头大汗，但是看到摊位上的东西越来越少，钱箱里的钱越来越多，我就感到特别开心。

　　随着裁判员一声令下，我们班跑第一棒的同学像箭一样飞跑出去，不一会儿就取得了领先的地位，拉拉队的同学们卖力地大声喊着"加油"。优势始终保持着，每一个队员都严阵以待，手臂前举，迈着弓步，准备一接到棒，便可以拼了命地狂奔起来。不一会儿，就到了最后一棒，跑最后一棒的是我们班的"跑步大王"，他涨红了脸，憋足了劲，手跟着脚的节奏用力地一甩一甩，脚下像是踩了风火轮似的。虽然，我们班已经领先了一大截，但他仍然不敢掉以轻心，生怕一不小心摔个"狗啃泥"，让对方追上来。为了久违的胜利，我们全班一起大喊："加油！加油！"他果然不负众望，安全地把棒交给第一位同学。耶！我们胜利了，"咔嚓"一声，老师的相机把这精彩的一刻记录了下来。

　　场面描写实际上就是事情发生过程中人物活动的画面描写，比如，一家人一起吃饭，和朋友一块儿赶集逛街，甚至课堂上和课间都在演绎着数不清的故事，真可谓"事件发生中，场面时时在"，但要把场面描写得具体、生动，并不是轻而易举的事。所以，教会孩子们描述场面的方法，让他们学会留心观察，写作时不忘"点面结合"，就能留住精彩，成就记叙佳作。

40

交际语境让写作有源动力

一提起作文，多数老师会认为孩子的困难主要有两个：一是不知道写什么，总觉得无话可说；二是不知道怎么写，即使有话可说，也不知道如何下笔。其实，在我看来，还有一难，它恰恰难在这二者之前。那就是无论是无话可说还是有话可说，我们先要问问学生想不想说，也就是学生是否有表达的欲望。古人说"夫缀文者情动而辞发"，讲的就是这个道理。先有不吐不快的需要，才有真情流露的文字。

有老师会问，教材里的习作总要完成啊，不管孩子有没有表达的欲望，那也得在规定时间上交作文啊。那怎么办呢？这个问题也一直让我反思。

这天，班级要举行"六一"儿童节的庆祝活动，既然是孩子们自己的节日，我让他们各自拟定一个活动方案，在班级进行评选，凡是方案被采纳或是部分被采纳的同学都将成为"六一"活动的导演之一。让我万万没想到的是，那些平日里似乎从来也没有写出过佳作的孩子，竟然在短时间内撰写出活动方案，而且相当有创意。这让我忽然有了一个想法——如果我们能引导学生置身于熟悉的生活场景，在具体的交际环境中完成习作，是不是就能架构生活与写作的桥梁，点燃他们的写作兴奋点，从而解决写作动机缺失的问题呢？

这天，正好教到统编版五年级上册习作七《____即景》，它要求学生观察一种自然现象或一处自然景观，按一定顺序描写景物，要能够写出景物的动态变化。我就设计了一组情境任务供孩子挑选，让他们尝试着在特定的身份下，带着特定的目的向特定的读者来描写景物。

情境 1：你已在校园中学习生活五年，对这儿的风景十分熟悉，一位即将转学过来的同学向你打听校园的情况，希望你细致具体地介绍最有代表性的两三处景色，让他对新学校充满期待。

情境 2：你是一名探险家，因腿部意外受伤，只能在家卧床休息。此刻，床边的窗子是联结外部世界的重要通道，你通过这个视角观察窗外的景色，按照一定的顺序告诉你的同伴你所看到的景象，让他知道美不仅在远方，也在身边。

情境 3：远方的亲戚从来没有来过你所在的城市，你写一封信，描绘一下自己的家乡某个季节特有的景色，或是写一写某处景物四季不同的特点，要突出景物的变化，让收信人如同身临其境，也爱上你的家乡。

这一组语境是对真实生活的"还原"和"开发"，学生可以选择有体验、感兴趣的生活场景，介绍学校的风景、窗外的景色，或是家乡某个季节特有的风光，这样就可以使完成习作的过程变得有情有趣。而我之所以这样设计习作情境，也是将"按一定顺序写作""展现景物变化""在景物描写中融入情感"等写作知识和技巧悄悄嵌入其中。

果然，孩子们一看到这样有趣的情境任务，便来了兴致——有的给转学来的同学介绍校园景色——

> 校园的最南边是一个标准的塑胶操场。桔红色的塑胶跑道环绕着操场四周，它映衬着碧绿的草地和天蓝色的篮球场，是那么的鲜艳夺目，使在上空飘扬的五星红旗更加灿烂。操场上还有许多体育健身器，爬杆、双杠、篮球架……总能吸引我们的目光。每当活动课的时候，操场上就热闹起来。同学们有的在跳长绳，像一条条小鱼在绳子间穿梭，有的在跑道上使劲地奔跑，有的你抢我夺地打篮球……风儿拂拭着我们的面庞，多开心啊！一只只美丽的鸟儿落在树上，正悠闲地倾听着同学们的格格笑声。

有的装作腿不能动，待在窗口看风景，果然发现美就在身边——

> 一早，望向窗外才发现，哇，原来是起雾啦！这雾格外的浓，一切都像浸泡在牛奶里一样，白茫茫的一片，又好像有一层巨大的白纱，笼罩在眼前。再往近些，雾淡了很多，比纱还要白，还要透明，丝丝缕缕，在空中舞蹈，一会儿上升，一会儿下降，一会儿拉伸，一会儿聚拢。对面的楼房在雾中若隐若现，白里透着灰色，犹如海市蜃楼一般。

有的描绘了家乡春天的景色，一切都是那么迷人——

> 　如果你来无锡，一定要欣赏一下鼋头渚的湖光山色，真是美不胜收。此时正值春天，当你立足长春桥上，放眼望去，真是满眼春光：那无数粉嫩小巧的樱花瓣把湖面点缀得别有一番诗意。红梅也不甘落后，一朵朵俏立枝头，有的仰望天空，有的俯视湖水，有的孤芳自赏，有的簇拥一团，显得风姿绰然，妩媚动人。而那丰腴的白玉兰又是一番情调，在油亮的绿叶的簇拥下，那朵朵清纯得纤尘不染的花朵傲立枝头，宛如出水芙蓉，如绢、似纱、像玉。这一树树、一丛丛、一簇簇、一朵朵的鲜花，仿佛是心灵手巧的春姑娘为长春桥编织的一件色彩斑斓的长披风……

像这样通过给教材习作设计一定的交际语境，赋予写作活动具体、真实的言语动机，让孩子理解写作是为了和他人沟通交流，不仅能有效解决写作过程中的"不愿写""没得写""不会写"等问题，也让写作课堂更富有情趣和生机。

当然，我们提供给学生的作文情境，不能超出他们的认知，要贴合学生的生活。当我教到统编版五年级上册习作八"推荐一本书"这一内容时，孩子们大多不感兴趣，因为他们认为这就是"读写摘抄"。怎么才能实现"向大家推荐一本好书，写清楚自己的推荐理由"这一写作目标，又让孩子们有表达的欲望呢？

我灵机一动，设计了这样的任务情境：上个周末，晓云和妈妈去新华书店挑选课外书，书店里的书琳琅满目，让他眼花缭乱，拿不定主意，到底该买哪一本呢？请你向他推荐一本好书，把重要的理由说清楚，并能打动他。这一情境设计和孩子的生活十分贴近，让这篇作文有了一定的真实感，有助于他们在帮助晓云的过程中将自己代入其中，围绕习作的要求主动去思考、学习与研究。但如何结合书籍相关内容，将推荐的重要理由写具体是习作难点，我又分解出三个具体的情境，帮助学生逐步完成以上要求。

情境 1：设计宣传海报

　阅读老师提供的新书宣传海报，看看它的设计包含哪些要素，在内容、形式、图文编排上有哪些令人眼前一亮的创意？根据需要，上网搜索你喜欢的书的作者和出版社的相关信息，了解他人对此书的评价，给你喜爱的书也设计一张海报。

情境2：制作人物卡片

将书中你喜欢的人物形象制作成卡片是一件很有意义的事情，你需要介绍主人公的名字，如果有必要，也可以介绍他的性别、年龄、国籍和职业，并通过一两件事的简单叙述展示他性格中最重要的方面，以此勾起读者对他的兴趣。最后，要为这张人物卡片画上漂亮的图案，或是人物漫画，人物卡片就大功告成了！

情境3：绘制思维导图

梳理你最喜爱的一本书中的相关内容，绘制一张思维导图，可以用树状图、气泡图、鱼骨图等你喜欢的方式，来勾勒整本书的框架和脉络、书的主要情节与人物、人物的性格特点、人物关系、整本书的主题等内容。

学生在三个层层递进的情境任务完成过程中，学会了搜集书的作者、作品的相关信息，并以此作为开头，从情节曲折离奇、人物个性鲜明、给人思想启迪等方面进行重点介绍，习作过程的难点被逐一突破，作文水到渠成，再也不是一篇"读书摘抄"的拼凑文了。

在习作评价环节，我也沿用原有情境，让孩子们置身其中，给他们提供场合说出真实想法。我请一位学生扮演书店里拿不定主意的晓云，其他同学则将自己的习作《推荐一本书》作为推荐词，向他说明自己的推荐理由，由他作出抉择，挑选出"我的心动书目"。选中的文章则随之评为"优"。

孩子们读着自己的作文，期待着面前的"晓云"能喜欢自己推荐的书，一时间，作文点评现场气氛热烈。孩子们忽然发现，原来自己的作文不是只给老师批阅的，它也是可以在生活中解决问题、表达想法、实现交流的。优秀的作文得到了"晓云"扮演者们的肯定，而未被采纳的文章，也要根据对方所提出的自己未被吸引的理由，进行修改。一堂原本枯燥的习作教学，就这样在充满现场感的氛围中完成了。

小学生写作，被命名为"习作"，练习的属性犹如天生携带，无法避免。但是，纯粹的训练，会让写作过程变得索然无味，从而陷入"机械制作"的窠臼之中。《义务教育语文课程标准（2022年版）》指出，写作是一种"自我表达"，也是"与人交往"的需要。这样的表述，就是在提醒我们：写作还是认知成长的途径，是一种"社交工具"。因此，给习作设计"交际语境"，不仅能赋予写作活动具体、真实的言语动机，也能有效解决写作过程中的思维和内容创生问题以及"怎么表达"的问题，从而让习作成为别具魅力的交流与对话。

41

老题目的展开和深掘

我曾给孩子们讲过这样一个故事。

罗斯福三次连任美国总统，曾有记者问他有何感想，总统一言不发，只是拿出一块三明治让记者吃，记者吃下去。接着，总统又拿出第二块，记者勉强吃下去，没料到总统又紧接着拿出第三块三明治，记者赶紧婉言谢绝，这时罗斯福笑笑说："现在你知道我连任三届总统的滋味吧。"

这个小故事本来是用来说明边际效应的，而我则形象地用它来告诉孩子，重复一个题材的作文，会让读者觉得索然无味。然而，我们的作文题目常有重复，考试的时候，我们常碰到一些很老套的题目，比如"我第一次……""难忘那一件事""那一次，我真……"等，学生们往往会模仿在作文选上读到过的或自己以前写过的类似文章。当然这是一个比较有把握的得分方式，但是如果这个作文题很泛，大家都看到过，甚至老师上课讲过类似范文，那很有可能出现一个考场里有一部分考生写同一个内容的现象。

我在集中批卷的时候，就遇到过这样的现象。作文要求写母爱，有一半同学都写了由于自己和妈妈吵架，离家出走后，经过卖馄饨的老婆婆的开导，终于体会到母爱的文章，原因是考前老师讲过一篇类似的范文，有的同学就不动脑筋地依样画葫芦了。其实，这是不负责任的表现，而且得不偿失，反而会给阅卷老师留下不好的印象，作文的分数也就不理想了。

那么，我们如何指导学生把老题目写出新意来呢？我就以《我第一次……》这个题目入手，教学生如何对老题目进行展开和深掘。

刚把《我第一次……》这个题目写在黑板上，教室里就是"唉"声一片，甚至有孩子觉得老师黔驴技穷，用这样乏味老套的题目来"敷衍"他们。我暗自好笑，不动声色，反问他们，怎样的事才算是"第一次"？孩子们你一言，我一语，最后统一意见，认为"第一次"就是从来"没有尝试过的""陌生的""不熟悉的"事情。于是，我将这些关键词写在黑板上，目的就是让学生明确题目要求，做好审题第一步。

由此，"大脑风暴"便开始了。我布置任务——三分钟时间，开动脑筋，看看你想到了多少个"第一次"，越多越好，可以是吃、穿、玩、学、做、体验……面越广越好，想到后，马上写在本子上。

第一次洗红领巾、第一次做贺卡、第一次背着书包上学校、第一次动手做饭、第一次独自一人出远门、第一次走夜路、第一次登台表演……学生们搜肠刮肚，奋笔疾书。

时间一到，孩子们停笔。"数一数写了多少个？"有孩子激动地大叫："18个！""21个！""35个！"……我点头表示赞许。接着，我又问："哪些作文题目是你们在作文选中经常看到的？"

一个学生说："《第一次骑自行车》这个题目是作文书上最多的。"然后，他还不好意思地补充："而且，这个题目我已经写过三遍了！"还有孩子承认，《第一次洗碗》《第一次学游泳》等都是他们的"必杀作文素材"。

于是，我笑着让学生进入下一个环节——"划掉不新颖的"。我告诉学生，要让自己的文章吸引人，就要注意选材的新颖性，也就是选择那些大家可能都没有经历过的，而只有自己经历了的事。我提示道："现在想一想，你写的这么多'第一次'里，是不是有不少同学和你会有同样的经历？如果是，那就把它划掉吧，否则写出来也没有新意。"

其实，这就是对付老题目的第一招——展开。经过"展开"训练，孩子们留下的作文题目让人耳目一新，如《第一次撒谎》《第一次和妈妈吵架》《第一次发现"我能行"》……

摘录孩子们完成的两篇作文，读读是不是很有新意？

第一次说谎

在我的耳边，常常萦绕着爸爸妈妈的告诫声："女儿，做人必须要诚实，这是一种必备的素养。知道吗？""哦，好的。"以前的我总是一只耳朵进，一只耳朵出，没有深思熟虑过，但是自那次以后，我突然醒悟了。

那一天，我看见在抽屉里放着一个非常美丽的戒指，在阳光的闪烁下，熠熠发光。我一下子突然怦然心动了，我下意识地拿起了它，戴到了自己的手指上。"哇！真是好看。"恰好看到在窗户外面，我的好伙伴正在玩游戏，我就兴冲冲地跑了出去，想炫耀一下戴在手指上的戒指。我抬起自己的手，脸上洋溢着幸福的笑容。"你们看，漂亮吧，这可是我的。"小伙伴们羡慕的眼光和赞美的话语，让我更加开心了。之后，我就和他们一起玩游戏了。谁知道，在玩游戏的时候，因为戒指太大了，一下子就甩了出去，掉到了河里。哎呀，这可怎么办呀，这可是妈妈的心爱之物啊！我的心里顿时乌云密布。

回到家里，妈妈坐在沙发上，爸爸坐在桌子旁。妈妈说："宝贝，你看见抽屉里的戒指了吗？""没有。""真的没有？""嗯，真的没有。"我非常小声，我知道此刻自己的脸肯定比苹果还要红很多。

"女儿啊，你知道吗？戒指是有价的，但是诚实却是无价的。戒指的光芒只能映到人的眼睛中，但是，诚实的品德却是刻在人的心中的。你觉得是眼睛中的东西珍贵呢，还是人心中的东西可贵呢？"妈妈似乎看穿了我的心思，锐利的目光刺得我抬不起头来。

"……人心里的……妈妈，对不起，是我错了。是我……我拿了你的戒指，但是它不小心掉到河里去了。"我吞吞吐吐地坦白了，撒谎的滋味实在不好受。而此刻，妈妈的口气却缓和了许多："我想，你的诚实比妈妈的戒指要贵重许多，你丢了戒指妈妈不怪你，但希望你一定不能丢了诚实。这只是你成长的一种经历，希望以后的生活中，你能够以此为戒，知道吗？""嗯，妈妈，我知道了。"我如释重负，仿佛卸下了千斤的石头。

我永远记得那一天，我的脸有多红；永远记得，妈妈那种期盼的目光；永远记得，诚实在我心中的重量！

第一次和妈妈吵架

怪了怪了，我早晨刚放在桌子上的日记本呢？怎么一下子就失踪了？我很疑惑，想去问妈妈把我的日记本放哪儿了。推开大房间的门一看，妈妈坐在床头柜上，眉头紧锁，聚精会神地盯着她手上的东西——我的日记！

我的大脑仿佛"轰"地爆炸了，血液似乎凝固了，我直勾勾地看着妈妈。妈妈怎么会偷看我的日记？我不敢相信我自己的眼睛。

妈妈察觉到了，赶忙慌慌张张地将日记藏在身后，目光闪烁，艰难地咧开嘴，笑了笑："饿了吧，饭做好了……""妈妈，您怎么可以偷看我的日记？"我大声质问道。妈妈站了起来，装作若无其事的样子："呵呵，无意间翻到了你的日记。"说完还镇静地放在窗台上，显得好像很不在意。

　　我好像被贼偷了东西一样难受，理智早已被怒火烧尽了，对妈妈咆哮道："你是个大坏蛋，偷看我的日记——你——你犯法！"我的脸涨得通红，喘着粗气，生气地看着妈妈。妈妈显然被我的举动吓了一跳，也来火了："干吗？我是你妈，养你我还犯法了是不……"刺耳的声音穿透了我的耳膜，我终于大哭起来，摔门而去。

　　回到小房间，我的眼泪像断了线的珍珠，一颗一颗直往下落，为什么是妈妈——那个我最爱，也最爱我的人偷看我的日记。想起妈妈刚才恼火的样子，我觉得很愧对妈妈。妈妈说的没有错，她辛辛苦苦地养育我这么多年，我却因为这件小事跟她生气，实在是太不应该了。妈妈为了我的学习，真是费尽了心，每当我取得优异成绩时，妈妈会笑着拍拍我的头，告诫我不要骄傲；每当我考试发挥失常时，妈妈也会温柔地安慰我，鼓励我端正态度，下次加油……

　　想到这里，我毫不犹豫地快步走入大房间，看见妈妈也正欲起身向我道歉。我不好意思地扭过头，背着妈妈："妈妈，你太辛苦了，我不应该向你发火的……"妈妈走过来，紧紧地搂住我："是我错了，孩子，我不应该看你的日记，对不起。""妈妈，其实，有什么心事，我也会向您敞开心扉的。"我调皮地一笑，那笑容在眼泪的衬托下很别扭。可是，我突然发现，妈妈的眼眶里也噙满了泪花……

　　时间似乎被定格在这个温馨的画面，这件事情像烙印一样烙在我的心里，让我永远都忘不了。

　　当然，对待老题目，学会"展开"只是方法之一。我又教给孩子第二招——深掘。我给孩子们举了个小例子——炎炎夏季，烈日当头，当你看到骑在自行车上的人能自如地撑着一把太阳伞挡住太阳，你一定会对发明这种自行车伞的人发出由衷的赞叹："多么巧妙的构思，一把普通的伞，稍加改进，就成了一把功能多样的伞。"

文章升格有秘诀

我问他们："从这个例子来看我们的作文老题目，你们能得到怎样的启示呢？"有孩子立刻回答道："其实只要稍加改变，就算是大家写过的材料，也可以写出新意来！"我立刻肯定："是的，就像大家都认为的《第一次学骑自行车》《第一次学游泳》这个老套题目，同样也可以写出新意——如果你能在学骑自行车、学游泳的过程中把生活中人们常常忽视的道理和情感放进去，那么，这样的文章不仅不会被认为老套，反而让读者容易理解你的想法，反映出你独具匠心。"

你看，一个孩子就在我的启发下，对自己的作文《第一次学游泳》加以修改，不仅写了学游泳的过程，更加上了自己的心理活动和最后的所感所得，文章顿时有了不落俗套的新意。

第一次学游泳

我总觉得，学游泳是件轻而易举的事。你看，游泳馆里人声鼎沸，大家游泳的姿势各异，有的蝶泳，有的蛙泳，有的仰泳，大家都游得那么轻松。

我扶着泳池的扶栏，小心翼翼地下了水，冰凉的池水浸过我的双腿，漫到我的胸前。刚一抬脚，整个身体像是悬在半空中，头重脚轻，没有了根基，我心里一慌，身子一下倾斜了，双手在水里乱抓，什么也没抓到，整个身子在水里翻了个跟头，池水灌进了我的嘴里、鼻里，难受极了。

这时，一只大手将我提了起来。我一看，原来是爸爸。我"哇"的一声哭了起来。爸爸拍着我的肩膀，安慰我说："游泳是一项技巧运动，要慢慢体会，掌握诀窍才行。"我似懂非懂地点点头。

先从潜水学起，我小心翼翼地把下巴沉到水里，屏住呼吸。爸爸游过来，拍拍我的肩膀说："大胆些，把头沉下去。"我立起来，又跳下去，池水一下子向我涌来，耳朵里都灌进了水，大脑里顿时一片空白。一秒、两秒、三秒……我终于坚持住了！

爸爸见我能潜水了，就抬着我的肩膀，让我自己浮起来。果然，我的身体不再向下沉了，渐渐地漂起来了！我赶紧加上动作，谨记动作要领，身体真的在往前游！

"收腿……换气！"爸爸不断在岸上给我提示。水围绕在我周身，我用力拨动，溅起一道道水花。坚持，坚持，再坚持！渐渐地，双手和双脚越来越配合，游得也又快又轻松，我和这清清的池水终于交上朋友了！

怎么样？这就是我第一次学习游泳的经历，我尝到了其中的酸甜苦辣，但也懂得了坚持的意义。坚持真不容易，但成功一定会在坚持之后等着你！

我一直认为，对于类似的作文题目，如果只是简单的重复练笔，那么作文的价值便无从谈起。要将一个老套的作文题写出新意，"展开"和"深掘"这两种方法的关键是要让孩子学会细心地观察生活，自觉地思考生活中的问题，尝试从新的角度去审视一些老旧的题材，同时努力通过不同的思维方式，来寻找写作的可能性，这样往往就能使老题目焕发出新的生命力。

42

作文一定要有"正能量"吗

最近这些年，"正能量"一词很火。大家都喜欢充满"正能量"的人，因为他们积极向上，充满光芒。而宣传更要"正能量"，不然就有可能传播不良的价值观。那么，学生的作文是否也一定要立场鲜明地表达"正能量"呢？

在我看来，叙述"真、善、美"的事件固然好，但孩子所写作文首先内容应真实可信，绝不能为了"正能量"而去造假。曾有学生写自己拾金不昧，捡到装有十万元的钱包，还给了失主，这让我啼笑皆非——孩子完全不知道十万人民币是多厚的一叠，小小的钱包根本不可能装下。

只有在具有真实性的基础上，才能探讨作文的叙事是否生动形象、细节是否感人。如果让孩子为了"正能量"而胡编乱造，就会让他们误以为"作文就是作假"，如果不会作假，就只好抄别人的"正确"观点，最终就失去了写作的意义。

就像十来岁的孩子违反纪律是常事，而老师可动用的"大招"有限，写检讨书就是其中无奈的一招。说起写检讨书，很多孩子总是三言两语草草应付，无非就是写"我犯了啥错""我今后保证不干啥事了"，文笔格调不高，内容也不够"正能量"，老师也通常不在乎，主要就是为了表明一个态度。但我不一样，我喜欢变"错"为宝，就算写个检讨书，也得拿出点真水平来。

这天，语文课上，我讲得滔滔不绝，刚一回头板书，突然听得身后"啊呀"一声，谁在闹事？我猛一回头，看见一只迅速从过道中收回的脚——原来，一个男孩子趁我不注意，偷偷踹了自己左前方的同学一脚。没想到，我"火眼金睛"揪出了这个调皮鬼。课上时间紧迫，没空和这个孩子纠缠，就勒令他下课到我办公室来报到。

下课铃声一响，这个"肇事者"乖乖地来办公室写检讨了。我把白纸放在他面前，他略一沉思，洋洋洒洒，不一会儿，八百多字的检讨书就完成了。我取过一瞧，边读边乐——

> 崔老师的语文课讲得多么生动啊，我听得津津有味，为啥前面那个同学在窃窃私语，这么好的语文课打哪儿去听，还不珍惜！于是，我怒从心中来，飞起一个"佛山无影脚"，想隔空给他一个提醒，没想到这时崔老师正巧回眸一望，她的眼神如同施了定身术，我一下子收不回脚，就这样傻傻地被逮个正着……

我笑眯眯地点评道："心理活动描写生动，语言幽默风趣，但是避重就轻，有吹捧老师之嫌，不过如果真的如你所说，我的语文课这么精彩，你就该心无旁骛，不是吗？"这孩子赶紧频频点头，大家会心一笑。后来，他果然摆出"崔老师的课真的很精彩"的听课姿态，不再做那些惹是生非的小动作，让我不禁欣然。

又一天早晨，我匆匆进教室收作业。一个男孩磨磨蹭蹭，始终不把作业本给我，鉴于他昨天和前天都有少做家庭作业的情况，我推断他一定又犯赖作业的老毛病了。我把手一摊，示意他一定要把本子交给我，看我态度坚决，不打算放过他。小家伙只好装模作样地从书包了摸索了半天，才掏出皱皱巴巴的作业本，我打开一看，嘿，果然一字未动。

补完作业，自然不能轻描淡写地让这事过去，这娃一而再再而三地故意犯同一个错误，一定要让他写份生动的检讨书给我。这孩子只能挖空心思，把不做作业的情况前前后后都描绘出来，"不负我望"，交上来一份值得一读的检讨书——

> 早上，我正准备"暗渡陈仓"，把昨天没完成的作业补完，没想到计划没有变化快，崔老师竟然来得那么早，她就像一个威严的警察一般站在我面前，把手一摊，问我要起了作业。我当时脑袋一片空白，完了，纸包不住火了……唉，前天我没有好好完成作业，昨天我没有好好完成作业，今天我又没有好好完成作业，也许，这就是老师说的"历史总是会重演"的……

整篇检讨妙语连珠，顿时抵消了我的几分气恼。打那以后，这个爱偷懒的小家伙知道自己少做作业要写检讨，还不能随随便便应付过去，实在得不偿失，也就只能乖乖完成每天的作业。

像这种犯了错误，事情本身看上去并不"高大上"，但是因为亲身经历，心理历程真实而丰富，若是老师能抓住契机，变"错"为宝，使其成为习作素材，往往会看到令人惊艳的文字。即便孩子经历的事情不一定那么的"正能量"，但他用文字表达了自己内心真实的感受，也对善恶有了一定的认知，我们就应放手让孩子写。

再如，作文题目《成长的烦恼》，就是让孩子书写烦恼，这种成长过程中不可避免的情绪——"妈妈不给我养宠物""长得太胖遭人嘲笑""体育不及格成为噩梦"等在家庭、学校、社会中遇到的一些烦恼的事。"烦恼"本身就是一种抽象的内心情感体验，最忌矫情或平淡。因此，从真实的生活出发，探寻最深处的内心感受，加以细腻的表达，这样的作文才会真切动人。

有的孩子写《"好学生"难当》——

> 为了保持优异的成绩，继续当父母和老师眼中的"好学生"，我被妈妈强迫着参加了奥数班的学习。以前星期六还能有点时间偷偷懒，可上了奥数班就不能了。上午八点到十点半，一坐就是两个多小时，当终于"解放"出来的时候，人已经像霜打的茄子——蔫了。每个双休日，我都必须待在家里把那些如山的作业写完。要是少写一点，星期一便会遭到老师的责问："你是好学生，怎么能不认真完成作业呢？你作为班干部，起了什么带头作用？……"我真害怕老师拿"好学生""班干部"的帽子来压我，一听到这话，我就像孙悟空听到了紧箍咒一般，头疼不已。要是班上哪个同学作文获了奖，回到家，妈妈就会冲着我唠叨："你看看，你同学又发表文章啦！人家多有上进心，你呢，就知道玩！"每当这时，我就不由哀叹，好学生难当啊……

这一段描写，就真实地反映了一个好学生的内心烦恼。

也有的孩子写《个子高的烦恼》——

> 下课了，同学们像脱缰的野马一样冲向操场。这时，我的好朋友来找我一起去玩。她整个人吊在我的胳膊上，转头对我说："你个子真高啊，和你走在一起太有安全感了，你就像是我的一个大姐姐，时时刻刻保护着我。"听了这句话，我真是哭笑不得。话音刚落，前面来了一位低着头往前

走的小朋友，她走得很急，好像有什么急事。走到我面前时，她抬头一看，立刻向我行了个礼，很有礼貌地向我说了声："老师好！"说完，就头也不回地走了。"老师？！她也太尊敬我了吧！我有那么成熟吗？"我尴尬地小声嘀咕着。旁边的同学看着这一幕，笑得前仰后合，我瞬间羞红了脸……

这个孩子通过动作、语言和心理描写，将自己因为个子高而发生的囧事写得妙趣横生。

作文写作立意方面有一个重要的指标——健康、积极、向上，但如果把"正能量"误解为只能写好人好事，只能唱赞歌，那绝对是片面的解读。《义务教育语文课程标准（2022年版）》在"第三学段"中关于书面表达的要求是这样论述的："懂得写作是为了自我表达和与人交流。养成留心观察周围事物的习惯，有意识地丰富自己的见闻，珍视个人的独特感受，积累习作素材。能写简单的记实作文和想象作文，内容具体，感情真实。能根据内容表达的需要，分段表述。"

你看，这里没有一条是关于"正能量"的要求的。这些标准中，我认为最关键之处就是"珍视个人的独特感受"，也就是鼓励孩子写真事、抒真情，只要不涉及重大认识问题，都是允许的。只有允许孩子正视生活中的困难和烦恼，写出内心的情绪和看法，才会让他们理解到，没有什么比写出内心的"真"更珍贵。

43

不要让作文只停留在作文本上

有人说，习作教学的关键是调动起学生的表达欲望，这是高于其他作文教学方法的策略。的确是这样，作家尚爱兰在回顾自己的女儿蒋方舟的成长历程时就曾这样说过："一个合格的作文指导教师，不应该把力量都放在'指导'学生如何写作文上，他至少应当分出一半的力量来研究一下如何'发表'这些作文。""只要公开发表一次，就会改变他们对写作的态度和价值的认识。"

我自己也有过这样切身的体验。在读师范前，我只是一个喜欢阅读，但是作文水平一般的女孩。我的班主任教"写作"这门课，他有这方面的爱好，经常把自己发表的文章拿来与我们分享。我们当然很羡慕，他就鼓励我们也去投稿，还教给了我们一些投稿的诀窍，诸如：读一读报刊上的副刊栏目，看看编辑对某些文章的喜好；不要怕稿件被退回，有时候一稿连一稿，"精诚所至，金石为开"，编辑发现你追求如此执著，总会找机会为你发稿的；信封最好写得有个性一些，这样便可以在众多的稿件中脱颖而出……本来，我也没抱什么希望，没想到自己的一篇小散文《等待的幸福》在市级报刊文学版上发表了，从此写作兴趣大增，一发而不可收，坚持二十多年的写作，发表了两百多篇文章，出版了九本书。

每当我的作品发表或获奖时，亲戚、朋友、熟人，甚而有过一面之缘的人，看到后都会由衷地称赞几句，自己的文字得到了肯定，心里自然是美滋滋的，写作就有了更大的动力。

将心比心，学生不也是如此吗？在平时的作文教学过程中，老师们往往都很注重作文的作前辅导、作后修改与评讲，学生的作文大多数仍然停留在作文本上。他们所体验到的写作乐趣全来自作文的等级、老师的评价，以及作为范文被朗读时的喜悦，如果学生的作文能以铅字的形式登载在报刊上的话，那么他们能体验到的将不仅仅是喜悦，而是被读者肯定的幸福，与更多人分享的甜蜜，这些孩子也就会由此产生积极的写作意识，不再认为作文只是应付老师的作业而已。

我新接班时，总会发现一两个写作上有些天赋的孩子，我就郑重其事地告诉他们，你要是把作文写好了，会变成铅字发表的哟，那么你的爸爸妈妈、亲戚朋友，甚至全国的小朋友都能看到你的大名啦！每每听到我的"游说"，孩子们总是会激动不已，从而认真地写好作文，因为这时他们心中已有了一个明确的目标——我的作文要争取发表！有了这个目标，他们会大量地阅读，反复斟酌自己的语句，作文往往进步神速，进入一个良性循环。去年接手的班级中，嘉怡同学在校报上发表过文章后，突然对写作产生了浓厚的兴趣，总是留个心眼寻找适合的作文素材，在双休日游玩扬州瘦西湖回来的当晚，这个小女孩不顾旅途的劳累，写了游记《扬州瘦西湖》交给我，优美的文字让我眼前一亮——

李白有诗云："故人西辞黄鹤去，烟花三月下扬州。"你瞧，阳春三月，风和日丽，我们学校的小记者要到扬州去感受这美妙的春光啦！

一路上，欢声笑语，近三个小时的行程晃眼即过。还没走进瘦西湖，园林门口大片大片的郁金香便以它别样的美丽吸引了我的目光。那花有光滑碧绿的长叶，叶间伸出一梗壮实的花茎，向上托了朵柔美的花，活脱脱像只典雅的高脚酒杯，真是亭亭玉立，秀姿天成。

漫步瘦西湖，景色宜人，别具一格。它融南秀北雄为一体，有"园林之盛，甲于天下"之誉。"两岸花柳全依水，一路楼台直到山"，其名园胜迹，散布在窈窕曲折的一湖碧水两岸，俨然一幅次第展开的国画长卷。

五亭桥更是这长卷中的点睛之笔。如果把瘦西湖比作一个婀娜多姿的少女，那么五亭桥就是少女身上那条华美的腰带。它一共有十五个桥洞，这十五个桥洞洞洞相连，洞洞相通。漫步走上五亭桥，在桥上俯瞰，那弯清瘦的湖水就在眼前，想象那桥洞下倒映出的十六轮明月，一分诗意便荡漾在我的心头。

领略了五亭桥的神韵，我们来到了著名的景点——望春楼。它是江南园林的风格，色调显得清新淡雅，体现了南方建筑的秀雅。它将山水景色引入室内，更是别具一格。

日落了，我们依依不舍地离开了风光旖旎的瘦西湖，但这美景却永远地留在了我的心间……

第二天，我把这篇文章投稿给了本市晚报的"学生周刊"，很快就发表了。全班同学争相传阅，欢呼雀跃，有的羡慕，有的跃跃欲试。嘉怡同学本人更是激动不已，她开心地说："我的作文发表了，我觉得自己更爱写作文了！"

到了高年级，孩子们大多数已经掌握了文字运用的一般规律，个性也开始展现，能够用文字表达自己的思想。这时候，我们的作文教学就是要唤醒学生用笔说话的愿望，鼓舞他们用笔说话的热情。他们的作文虽属练笔性质，但它同作家创作一样，也是一种融入个人情感、再现生活积累的独特的脑力劳动，自然也就特别希望能被承认或共享。因此，我们教师不仅要在作文教学中加以指导，更要有意识地为学生创造发表作文的机会。每当学生的习作发表了，其喜悦之情简直难以形容，他们总是会加倍发愤地去读去写，变被动为主动，从此作文不再是一件苦差事。而且这对其他同学的心灵震撼和激励作用也是十分明显和持久的，这样以一带十，会掀起一股写作、投稿、发表的热潮。

当然，能够发表在各级各类报刊上的作文必须达到一定的水平，班级里人人都可以发表，这并不现实。因此，我扩大"发表"一词的外延，用办班级作文选刊的方式来扩大孩子的发表途径，让他们体验写作带来的自信和快乐，效果甚佳。每次作文我都选出多篇佳作，让小作者自己打印、美化，然后把这些习作装订在一起，配上精心设计的主题封面，这样就做成一本班级作文选刊了。把它挂在班里，供同学们阅读，相互学习欣赏，孩子们别提有多高兴了。

当初流行个人博客时，我还把班级博客当作发表学生习作的绝佳渠道，将学生们的优秀作文和进步作文扫描或打成电子文档，上传到网络上共享。孩子们不仅在课堂内欣赏到自己或别人的作文，在课堂以外也可以。孩子们欣赏过后，还能跟帖点评，甚至开展投票评比活动，选出"最具人气指数"的习作，关注写作成为学生上网的一件新鲜有趣的事情。如今流行微信公众号，也可以在公众号上发布学生的文章，而且家长们会积极转发。像网络发表这样的形式，方便快捷，便于交流，孩子们在浏览、评论、点赞等活动中，自然会感觉到写作文很有意思，很有趣，往往在不知不觉中便喜欢上了写作。

发表，既表明写作者的才华被认可，又象征着写作者获得了公众言说的权利，这种成就感会促使着写作者以更好的姿态从事写作，对于写作初期的学生而言，发表更是激发他们写作兴趣的动因之一。因而，让孩子的作文不仅仅停留在作文本上，这应该是每个教写作的老师们所负有的一个特别使命。

六年级

写出新意用妙招

到了六年级，孩子们大多数已经掌握了文字运用的一般规律，个性也开始略有张扬，能够用文字表达自己的思想。这时候的作文要求也相应提高了——从审题拟题，到素材的选择，再到文章技巧，甚至情感的表达、立意的高低都要考察。但是，"抓不准""写不深""无新意"是这个年级孩子在作文方面存在的普遍问题。

"抓不准"是指审题不清。如果学生的作文离题万里，再好的立意、选材都白白枉费了，所以让孩子学会审题是重要的第一步。为了避免全命题作文带来的思维局限，在六年级习作中出现最多的往往是半命题作文。这既考察孩子的审题能力，也考察他们的拟题能力。"题好文一半"，不仅是因为好的题目能给读者耳目一新的感觉，更因为命题是孩子对自己将要写的文章进行立意和选材方面的思索、辨析、筛选和凝聚的过程。学生的作文，往往不是根据材料确定中心，而是在命题之后根据限制去写作文，这往往会抑制他们的思维，因此我们要指导孩子在选材立意的过程中，通过不断提问，打开思路，用开放性、多向性的思维方式去分析问题，从众多的角度中筛选，然后扬长避短，避虚就实，写自己最擅长、最熟悉的内容，让同一题目也能演绎不同的"精彩"。

"写不深"则是指六年级的孩子虽然能够把某件事写完整，但是往往缺乏捕捉细节加以描写的能力。我们知道记叙文的魅力在于细节描写，学生作文往往从头至尾尽是概述，有时即使有一些细节，也只是轻轻一笔就带过去了。这些缺失细节描写的文章读来生涩呆板，因此，我们要在写作教学中有意识地指导孩子挖掘细节，运用细节，如怎样通过"慢镜头"分解细节，如何使用"特写镜头"避免作文"流水账"，面面俱到与多角度描写的区别在哪儿……只有注重细节描写，才能将身边不经意的人和事写活了，让平常小事也富有情趣，耐人寻味。

"无新意"是指由于孩子生活面窄，经验不足或是知识匮乏，写出来的作文常有相似、雷同之处。我想，这就需要我们教会学生突破思维定势，既可以逆向立意以求异出新，也可以在语言上打造让人耳目一新的"亮点"，尽显个性。这样，启发学生多角度去发现问题，引导他们找出与众不同的方法，想出与众不同的思路，说出与众不同的话语，写出新鲜活泼、不落俗套的好作文。

　　"文章不厌百回改"，作文修改也是六年级作文教学的重头戏。孩子们对语句、字词推敲的方法已经有所掌握，这时我们要侧重培养他们的"读者意识"——"我的作文是写给某人看的"，赋予习作更多的社会交际方面的功能；同时创造"外显读者"，让学生表达的动力更持久，使他们在循环往复、逐步推进的读与写的成功体验中，在"我"与"读者"的互动中，真正体会到自身言语存在的现实价值，而这，便也是我们作文教学的最终目的。

44

从学会审题到尝试拟题

文不对题是写作的大忌。审题失误，作文就会南辕北辙，"差之毫厘，谬之千里"。到了六年级，总还有不少孩子不会审题，有时候看他们下笔千言，却是离题万里，再好的立意、选材都白白枉费了。

审题是作文的关键第一步，是对一个作文题目的写作要求进行认真思索的过程。因而，拿到作文题目时，我们不能急着催促孩子抓紧时间构思动笔，而是要教会他们分析题目的要领——不仅要让孩子看到题目中限制了什么，还要让他们看到题目并没有限制什么，从而使学生的思路既在限制的范围内，又能发现可供自由驰骋的广阔空间。

如常见的题目《暑假趣事》，别看这个题目简单，内容跑偏的孩子可不少。所以，题目一亮相，我就先问孩子，这个作文题目限定了哪些范围。孩子们细细琢磨后，逐步明确了题目要求写"事"，而不是记人；是"趣"事，而不是一件普通的事，更不是伤心的事；它既不是发生在暑假"前"，也不是发生在暑假"后"，而是"暑假中"；地点也不可能在学校。这些都要在作文前，一条一条地想清楚。接着，我再让孩子看看作文题目还有哪些没有限定，以便他们能够打开思路。孩子们就会发现，这件趣事可以发生在家里，像包饺子的乐趣可以写；也可以发生在室外，钓鱼的乐趣也可以写。这件事的主角可能是自己和父母，也可能是自己和小伙伴。当然，所写的事不局限在今年暑假，如果是以前暑假发生过的趣事，也可以写……

每一个作文题目都会有一些限制，所以在教孩子审题的时候，我们不仅要叮嘱他们不能写什么，更要让他们思考，这个题目写些什么也是符合要求的，指导孩子们进行发散思维，千万不要被一些限制框住了思路、捆住了手脚。像《我的好伙伴》一题，粗略一看，大多数孩子都会选择写人，写自己和小伙伴的故事。

其实，如果孩子能开拓思路，这个题目也可以考虑写物品，写和自己有亲密关系的书包、字典、水杯等，或是对自己忠实、讨人喜爱的小宠物等。打开思路，"不走寻常路"，这样的作文才不会人云亦云、落入俗套。

到了高年级，逐步出现了半命题作文，范围比较宽泛，为的是让孩子有选择的余地。但你会发现，空间一大，层次就显得更加分明，而孩子作文水平的高低，往往就从他们的拟题开始显现。以《_____的滋味》这一题目而言，如果匆匆填上"草莓""蛋糕""奶茶""蛋炒饭"，且只是就其滋味写滋味，这样的作文难免浅薄。如能扣住滋味的内在含义，仔细琢磨，掘而深之，写《得奖的滋味》《当班干部的滋味》《卖报纸的滋味》，这样的题材就显得既深又新。再进一步，如能逆向填题：《说谎的滋味》——惶惶不安，《作弊的滋味》——心惊肉跳，《挨批的滋味》——打翻五味瓶，则文章的新鲜度、吸引力更不同凡响，往往会让人耳目一新。

再如，常见的作文题目《我学会了_____》，其中"学会"一词常见惯用，但纳入文题，其旨意就当仔细琢磨了。大多数孩子会选择《我学会了骑车》《我学会了烧菜》《我学会了打球》这些题目，虽然正确，但流于一般，写出的作文往往也缺乏新意。如果能拟出《我学会了宽容他人》《我学会了正视困难》《我学会了珍惜时间》这样的作文题目，就会透出一种可贵的自豪激情，填题水平的优劣高下立现。

"题好一半文"，作文水平的高低从作文题上就已经可窥一二。因而，对于半命题作文，我们首先要让学生分析题目中已有文字部分所表达的意思，细读提示中对空白处的要求和限制，再根据提示展开联想，搜寻最适合写的材料，拟定一个明确、新颖的好题来。

如果作文题目完全由学生自己拟定，你会发现，孩子们自己给作文取的题目特别程式化——诸如《我难忘的一件事》《我最敬佩的一个人》《我第一次出黑板报》……这是命题作文的后遗症，很多孩子并不知道命题作文的题目只不过给的是一个写作范围，它并不对针对每个孩子的作文量体裁衣，所以大而泛，若是真的每篇作文都是这样的题目，千人一面，这样的文章又怎会吸引读者？若是拿了这样的作文题目去投稿，很少有发表的可能。因而孩子很困惑，考试卷上不就是这样的作文题，为什么我的作文不能用这样的题目呢？所以，在平时的教学过程中，除了命题作文的题目外，我也指导学生根据自己的文字内容重新拟一个新颖、有趣的题目，从而使自己的作文具有一种让人期待阅读的魅力。

在一次作文课上，我让孩子们比赛下棋，并将自己的体验过程写下来。等看到作文题目时，我啼笑皆非，要么是《记一次围棋比赛》，要么是《有趣的围棋大赛》，要么是《我学会了下围棋》，仿佛大家商量好似的，毫无新意。我列举出这些作文题，问学生："如果你是读者，看到杂志的目录上是这样的题目，你们还有兴趣翻开来看正文吗？"学生们都不由得笑着摇摇头。

我趁势告诉孩子们："如果把一篇作文比作一条龙的话，那么这篇作文的题目就好比是龙的眼睛，要画龙点睛；如果把一篇作文比作一个人，那么这篇作文的题目就好比是这个人的眼，要炯炯有神。一个好的文题应该既能反映文章的内容，又不失新颖，大家不妨试试看，能不能取一个恰当、新颖的题目，让老师一看到题目就特别想读你的作文？"于是，学生们反复斟酌，将一个个寻常的作文题目改成了妙趣横生的新题——《"棋"乐无穷》《出"棋"不意》《险招的启示》……这些题目别出心裁，真让人眼前一亮。

"人靠衣装，文靠题装"，可见作文题目之重要。我们不仅要教孩子学会审题，懂得如何入得"圈内"，又不受束缚，也要教会他们学会拟题，提炼文眼，从而达到出奇制胜的效果。我觉得，这是一种应有的写作追求。

45
"慢镜头"分解，巧写细节

写人写事的文章，要把事情写清楚，把人物写活，动作描写十分重要。但是，人的动作发生很快，若不注意观察，很容易忽略。学生往往不知道如何进行细节描写，更不知道作文中应该抓住哪些细节来进行描写。

怎样才能深入浅出地告诉孩子到底怎么进行"细节描写"呢？我试着这样告诉他们——电视台在转播体育节目时，常常把精彩的瞬间用"慢镜头"的形式重播一遍，以便让观众看个一清二楚。写作文的过程，其实也就是慢镜头重现的过程。如果在写作时，在心中把事情的过程分解一遍，然后用文字将生动、具有表现力的细节记录下来，这就是"细节描写"了。

我给孩子们看了一个视频片段：

镜头一：刘翔在预赛中被分在第6组第4道，身着运动服的刘翔微笑着向摄像机镜头挥手，显得十分轻松。比赛开始前，刘翔在起跑器后方对有伤的右脚做最后的处理。

镜头二：当刘翔脱下外套，站在起跑线时，他的脸上再次露出微笑。当现场介绍刘翔的时候，全场观众爆发出雷鸣般的掌声，这是对这位参加过三届奥运会的中国"飞人"最大的肯定。

镜头三：枪响之后，刘翔正常完成起跑，但是在用左脚跨越第一个栏的时候，右脚不堪重负，整个人意外跌倒。倒地后的刘翔坐在地上手扶右脚，表情痛苦。

镜头四：刘翔缓缓地站了起来，但右脚仍然不敢着地，用左脚单腿跳到场边，然后强忍着疼痛从场边一路向终点跳去。

镜头五：在路过最后一个栏时，刘翔特意又绕回场内，深情亲吻最后一组栏架。

镜头六：当刘翔最后抵达终点附近的时候，两名已经完赛的选手上前搀扶受伤的刘翔，并举起刘翔的手臂，全场观众报以热烈的掌声。最终，刘翔在轮椅的帮助下离开了赛场，遗憾地告别了伦敦奥运会。

我让大家讨论，这个片段为什么要用"慢镜头"的形式播出？孩子们觉得这是因为观众想看清楚整个事件经过。我进一步解释，人物的动作总是充满着意图和情感的，只有将场景分解成若干个部分，把一个大动作细化为几个小动作，然后分别对每个部分、每个动作按一定层次具体展示或描写，才能让人如临其境，体会到动作背后的情感。

明确了镜头式描写的特点，这还只是初步。要想实现由学到用的跨越，还必须稳扎稳打，步步为营。

我接着出示了学生作文中的一例——

> 跳高架前只剩下张强一个人了。这时横竿已升到 1.46 米，比校运会跳高纪录还高出 1 厘米。裁判一挥小红旗，比赛开始了，只见张强同学向前飞奔而去，他纵身一跳，一下子跃过了横竿，打破了校运会跳高纪录。

不少孩子轻声读后，觉得这段话虽然语句连贯，没有错别字，但缺失细节描写，跳高过程一笔带过，不够具体生动。

我告诉孩子们，摄像机是用镜头和画面，作文是用笔和文字，对场面活动进行记录，作文也需要"慢镜头"式的细节描写。我让学生先将这个场景从动作上分解为五个"镜头"——热身、助跑、起跳、翻越、落地，让他们放慢镜头，一一加以描写。

孩子们开始回顾跳高场面，七嘴八舌地讨论交流：助跑时张强做了哪些准备活动？起跳时他是怎样的动作？翻越时是怎样的姿态？最后落地时又是如何反应？

随后，大家开始着手修改。十多分钟后，"慢镜头"的方式果然使孩子们笔下的这个片段丰满生动起来——

> 跳高架前只剩下张强一个人了，大家屏息凝视。这时横竿已升到 1.46 米，比校运会跳高纪录还高出 1 厘米。裁判一挥小红旗，比赛开始了，（慢镜头一：热身）只见张强同学不慌不忙，习惯地压了压左腿，再压了压右

腿，弹跳几下热热身，那潇洒自如的神态，颇有刘翔的风度。（慢镜头二：助跑）蓦地，他迈出轻快有力的步子，向跳高架冲去。红白相间的横杆静静地等待着挑战者的到来。（慢镜头三：起跳）当快要接近跳高架时，张强猛地左腿在地上一蹬，两手在身旁划了道长长的半弧形，（慢镜头五：翻越）身子就这样腾空而起，像展翅飞翔的海燕，又像凌空直上的雄鹰飞越过横杆。（慢镜头六：落地）他稳稳地落在蓝色的海绵垫上，高高的横竿纹丝不动。啊！张强终于打破了校运会的跳高纪录，大家欢声一片！

把一个大动作分解成几个小动作，抓住人物最有特征的动作，一一进行叙述，这样就把人物动作写具体写鲜活了。

人物动作难写，原因是人物的动作往往是一闪而过，既难观察又难描写。我将电视节目中"慢镜头"的方法引入课堂，指导学生作文，取得了意想不到的效果。

46

"特写镜头"避免作文"流水账"

作文最忌讳的是流水账式的写法，这种作文的共同特点是：内容贫乏、形式单调、缺乏情感、不分主次。

在学生初学写作的阶段，写出"流水账"作文是难以避免的。到了高年级，仍有不少学生的作文依然是在记"流水账"，只不过是更长的"流水账"罢了。我们先来看下面这篇题为《春游灵山》的作文片段：

> 一路上欢歌笑语，忽然大家喧哗起来，原来车子即将到达目的地，已经能远远地望见那座释迦牟尼佛像了。
>
> 穿过林荫大道，来到一个宽阔的广场。时间很快到了十点钟，"九龙灌浴"的表演开始了。在乐曲中，莲花张开花瓣，佛像从莲花中升起。水注喷在太子佛像上，真壮观！
>
> 随后，老师领着我们参观了梵宫，气势恢宏。里面有木雕、壁画、琉璃、浮雕……真令人目不暇接、回味无穷。

此文几乎没有什么地方能给人留下特别的印象，因为对游览灵山的叙述是粗线条的，什么景点都是一笔带过。如何避免学生写出"流水账"作文呢？我脑海中突然出现了一个词语：特写镜头。

特写是电影电视艺术中的一种表现方法，即用极近的距离拍摄人或物的某一部分，以造成强烈的艺术效果。放映时可以使这一部分特别放大，使观众更好地了解人物的内心活动和思想感情，这样的镜头就叫做特写镜头。写作中，借鉴这一影视技法，用文字来表现"特写"的内容，我们称之为"特写镜头法"。

我打算教孩子们运用"特写镜头"中最常用的推近放大功能，放大有感染效果的细节，增强他们习作的表达效果。

我出示了这个《春游灵山》的习作片段，问学生其中写到了哪些景物？学生一一列举：佛像、"九龙灌浴"的表演、梵宫。

对于三处景物的特点，孩子们归纳为：灵山大佛——大、九龙灌浴——奇、梵宫——特。但对于如何将它们写具体，学生们似乎都说不出个所以然来。

我告诉他们，我们写作文不应当只做录像者，把整个过程从头到尾一一拍下，我们要做摄影师，拍出特写镜头。在描写景物的过程中，有时候的确会觉得似乎无从下笔。这时候，不妨靠近一点，当你仔细观察它时，把镜头慢慢拉近来个特写，就会发现它的与众不同之处。

我举例道："同学们都见过雨中的草叶吧？你们觉得怎么样？"有个调皮的孩子插嘴道："也不怎么样！"

这个回答正中我下怀，我顺势往下说："如果你认为这样的景物很平常，那你可就错了。现在，让我们来瞧一瞧。"

> 雨点儿落在嫩嫩的草叶上，看，草儿轻轻地在微风中颤动，雨珠便顺着它那修长的叶子滚落下来，一滴滴钻到泥土里，再也寻不见了。太阳出来了，残留在叶片上的雨滴像水晶般熠熠闪光，把绿色的小草装扮得如此精神……

我出示了这样一段描写，等待着学生们的反应。果然，有学生叫道："写得好美！"于是，我笑道："对着特定的景物，推近镜头去观察，并把这些特写镜头搬进作文中，这样的作文怎么会不精彩呢？"

学生们若有所悟，我顺势引导他们来修改《春游灵山》的片段。

镜头对准灵山大佛的"大"——

> 一路上欢歌笑语，忽然大家喧哗起来，原来车子即将到达目的地，已经能远远地望见那座背靠青山、面朝南方、身子微前倾、略低头俯望众生的释迦牟尼佛像了。佛像是如此宏伟高大，似乎头顶已触及云端，因而更增添了几分神秘。

镜头对准"九龙灌浴"的"奇"——

> 时间很快到了十点钟，"九龙灌浴"的表演开始了。广场上奏起了宏伟

的乐曲，这时在水池中含苞待放的莲花慢慢地张开了它美丽的花瓣，一尊金身太子的佛像从莲花中冉冉升起，并旋转一周。此时周围的九条龙的口里一齐喷射出 30 多米高的弧形水注，这些水注直冲云霄，在天空中轰然交汇，为太子佛像沐浴。顷刻间，鼓乐齐鸣，喷泉齐放，百媚千姿……大家欢呼起来了！

镜头对准梵宫的"特"——

　　随后，老师领着我们参观了梵宫，灵山梵宫坐落于钟灵毓秀的灵山脚下，气势恢宏。走进梵宫大厅，只见顶部塑有 34 尊飞天造像，飞天身高三米，轻盈舞袖，美不胜收。顺势而下，廊厅两边分布的 12 幅油画，宛如一条时间隧道，讲述着佛教的起源、发展。抬头仰望，天相图美轮美奂，如璀璨的星空，时而七星连珠，时而繁星点点，把佛国的空灵与天象的幻境完美地融合起来。我们抬头仰望，禁不住啧啧赞叹。走近细看，精雕细琢的木雕、惟妙惟肖的壁画、光灿夺目的琉璃、精致典雅的浮雕……这些艺术珍品遍布灵山梵宫的各个区域，将优秀的传统文化演绎得淋漓尽致，令人目不暇接、回味无穷。

就这样，经过"特写镜头"的放大处理，几处景物的特点都跃然纸上。

"流水账"作文好比绘画时只画出了事物的轮廓，而细节描写则是轮廓之内的细部描摹。我们要教会学生运用"特写镜头"，增添生动的细节描写，这样就可以使文章重点突出，从而避免了"流水账"作文。

47

借物写人，一线串珠

描写父爱、母爱之类的亲情类文章，在高年段的习作中所占比例很大。虽然很多学生都知道，写这类文章切口一定要小，以小见大，也知道选材要新颖，众人皆知的素材不好。但是，每每读到他们的作文，我总是会遇见无数位爸爸妈妈带孩子去医院看病或是给孩子送伞。要是你说，"送伞"这样的事例太老套，去换个题材，就会有"机灵"的孩子把它改成"送饭盒""送文具用品"之类，似乎这样就把旧题材翻新了。

亲情类文章如何能写出新意，让老师眼前一亮，似乎一直是个难题，而且要想做到叙述感人，更是难上加难！其实，可以教给学生"借物写人，一线串珠"的好方法。在我们日常生活中，诸多的感情是有依附物的，比如有展现亲情的：爸爸送自己上学的自行车、妈妈织的一条围巾、奶奶送的一块玉饰、爷爷戴的老花镜……；也有寄托师生情的：黑板、文具盒、茶杯……在习作中，如果我们以某个物件为线索，串起相关的人和事，展现其中蕴藏着的让人难以忘怀的亲情，就能水到渠成地表达文章的主题。

如何下笔呢？我告诉孩子们，可以先给这个物件一个"特写镜头"，比如写"爷爷的老花镜"，就可以这样开头——"桌上，静静躺着一个老花镜，镜片厚实，镜腿却有些残破，上头的一颗小螺丝顽皮地蹦跶走了，但是老花镜的主人仍然不愿意让它下岗，用了胶布将镜腿缠绕固定好，一到读书时光就召唤它出马。如果说老花镜年代久远，那它的主人的岁数也已超过花甲——他就是我的爷爷。"你看，细致地描摹老花镜的样子，从而引出它的主人公登场，这样的开场是不是有点电影镜头的感觉？如果你要写一写妈妈织的围巾或是老师的茶杯，就可以先细细打量起来，给围巾、茶杯来个如此一般的"特写镜头"，这样的开头也显得不落俗套。

随后，由这个"物"为线索，我们就可以串联出背后的故事了——"小时候的夏夜，酷暑难耐，但我总能安静地待在家里，因为我特别期待爷爷给我讲故事。刚放下饭碗，我就缠着爷爷要听故事，爷爷总是乐呵呵地擦擦刚洗完碗筷的手，戴起老花眼镜，捧起故事书，有滋有味地讲了起来，什么'海底两万里''阿里巴巴和四十大盗''夏洛的网'……每一个故事都引人入胜，我托着腮帮子，听得津津有味。灯光下的爷爷，时不时地抬一下镜架，那专注的神情和并不标准的普通话，永久地印刻在我心底。"在这样的文章中，物件并不是主要的描写对象，而只是作为线索而存在。它必须与文章中的人物紧密结合，成为表达人物情感的必备之物，成为经营文章线索和布局的主角。

我们还可以接着联想与"物"相关的人和事，找准"物"与情的最佳结合点，继续推进文章——"长大了，也许是爷爷曾经给我讲过的故事在我的心里埋下了文学的种子，我的作文多次被老师夸奖。终于，文章见报了！我欣喜若狂，带着报纸直奔回家。听说自己的宝贝孙子作文发表了，爷爷乐得胡子都翘上了天，他赶紧满抽屉找他的老花镜，喜滋滋地戴起来，捧过报纸，读了又读，似乎那是一篇绝世佳作。透过那厚厚的镜片，我看到爷爷惊喜的目光，这目光从此成了我前进的动力。"你看，通过一"物"——老花镜，将那些看似平淡却亲情融融的小事情联系在一起，如行云流水一般展现了人物彼此间的情感，给人以自然妥帖的感觉。

最后，我告诉学生，一定要记得再次把目光定格在这一"物"上。这样，老花镜不仅仅是连接"我"和爷爷情感的纽带，是传递感情的信物，更成为前后呼应、贯穿全文的线索，这样文章结构就完整了——"我已经数不清老花镜陪伴着爷爷度过了多少个春秋，爷爷不读书的时候，它总是安静地躲在一边，显得如此沉默，可我却从它的身上，感受到了沉甸甸的爱，历久弥新……"如此，用好一"物"，救活一文，对于亲情类作文而言，可谓是切入巧妙，不落俗套。但也要注意，在这样的文章中，物件并不是主要的描写对象，而只是作为线索而存在，这与融旨于物、托物言志的文章还是有着很大区别的。

这个方法帮助孩子们打开了写作的新思路，他们有的写"妈妈的围裙"，用它串起每一个充满烟火气息的美好瞬间；有的写"姐姐的手套"，用它回忆起曾经被关爱的那个冬日；有的写"爸爸的礼物"，用它打开寡言少语的父爱的大门……其中，就有两个孩子的文章在刊物上发表了，一个用"土灶"串起温暖和快乐，一个用"鱼汤"重现最温馨的时光，爱意也在文字中流淌——

土灶旁的快乐

土灶，蹲在瓦屋一角，宽大、厚实、纯朴、温暖，总在不经意间，温暖我的记忆。

土灶的模样不算俊俏，但足够结实和庞大——青砖水泥垒砌的锅台，有一米多高。高高的烟囱傲然耸立，烟囱口直冲云霄，灶台上被勤劳的奶奶擦得光滑透亮，上面嵌着两口大铁锅。我记忆中，奶奶总是坐在灶口往里面添柴，一日三餐，她总是围着土灶转，想着法儿准备全家的吃喝，把平淡的日子煎炸烹饪得有滋有味。

土灶是个演出场，这回终于轮到我出场了。食材从哪儿来？自然是就地取材——看到屋后是菜地，我拿出锄头，鼓足力气往地下挖，顿时，只见土里冒出一个红红胖胖的红薯。我像发现了宝藏一样，手里立刻又来了劲儿。一连挖了五六个红薯，然后哼着小曲，开开心心地满载而归了——土灶有了用武之地啦！

奶奶教我先在火坑里放上几根木柴，用打火机点燃一堆竹叶，然后竹叶在火坑里点燃了木头。很快，灶膛中燃起了熊熊大火，炊烟从烟囱中袅袅升起来。火苗忽明忽暗，忽高忽低，像绽放在山坡上的花。火苗"舔"着锅底，映红了我和奶奶的脸庞，也映得我心里暖烘烘的。红薯在火堆旁渐渐软熟，散发出诱人的香气，我时不时翻一翻，生怕烤焦了。

太阳告辞了天空，紧接着星星出现了，柔和的月光照向大地，照得院子前面亮堂堂的。我手忙脚乱地剥着红薯的外皮，边吃边吹，奶奶乐呵呵地摸着我的小脑袋："慢慢吃，别烫着！"而我像小馋猫一样顾不得烫，一口接着一口，只觉得齿颊留香。

如今，土灶的身影也渐行渐远，但炉膛的温暖和奶奶的微笑却让这个月色变得满心快乐，让我无限留念……

舌尖上的温暖记忆

我的童年，在麦浪翻滚的田野里，在追逐奔跑的天真里，在外婆温暖的手掌里，在浓香弥漫的鱼汤里……

一口普普通通的锅，一条普普通通的鱼，在外婆的手中却能创造出令人垂涎的美味——除去腥味，配上作料，下锅煎炸，随着一阵"嗞啦"作响，鱼身两面金黄，香气四溢。

袅袅的香味总会将我这个小馋猫牵到外婆的厨房，那时的我个子还没有灶台高，最喜欢搬来小板凳坐在一边，看外婆在锅里加上热水，用心地熬制鱼汤。随着呼噜呼噜的声响，汤汁渐渐浓缩，外婆不紧不慢地搅着，蒸气袅袅四溢，多么美好诱人的一幕啊！闭上眼睛，鱼汤的香味在空气中弥漫开，每个毛孔似乎都在贪婪地品味……

浓郁醇香的鲜鱼汤终于上桌了，上面洒着一层翠绿的葱花，粉色的鱼肉浸在奶白的汤汁里，散着光泽，让人垂涎。我舔舔嘴唇，舀了一碗鱼汤，吹了吹，喝一口，真美味！鲜美的鱼汤下肚，那余香还绕着舌尖悠悠地转，让我的勺子简直停不下来。这时的外婆就坐在我对面，微笑地看着我大口喝汤的模样，一边叮嘱着："慢点喝，别烫着！"一边娴熟地挑着刺，把细腻的鱼肉放进我的碗里，脸上的每一道皱纹里都洋溢着满足。

不变的动作，不变的小厨房，变的是外婆——无法挽留住匆匆岁月，那满头银丝已和鱼汤一样纯白。我的个子终于超过外婆了，面对面坐下，仿佛时光重现，我也舀一碗鱼汤递给外婆，叮嘱着："慢点喝，别烫着！"然后，慢慢挑起了鱼刺，放进外婆的碗里，像从前一样。惊讶、感动，外婆的表情很复杂，但脸上很快笑成了花。

鱼汤还是鱼汤，我还是我，她还是她。一道美食，一种味道，舌尖上那温暖的记忆啊，往往承载着最温馨、最美好的时光……

作文时，教会学生选取一种与自己要表达的情感相关的"物"，让它作为文章布局的主线，与笔下的人物紧密结合。如此，作文的中心和物的特征联通，虚实结合，从而使情感更丰富、深邃，读来物情皆美，自然不落俗套。

48

同一题目也能演绎不同的精彩

"横看成岭侧成峰，远近高低各不同"，角度不同，领略到的景观就不同。生活如此，习作亦如此。

这次作文课我打算让孩子们写一写《我的妈妈》。

我刚把题目列在黑板上，下面就炸开了锅——"老师，这个题目我们三年级时就已经写过了！""这个题目太没有新意了！""老师，换一个吧！这是低年级小朋友写的题目！"我笑着说："谁说这个题目只能是三年级小朋友写？许多大作家都写过《我的母亲》呢！"

孩子们看拗不过我，只得开始咬笔构思。不一会儿，好几篇文章就交了上来。他们倒是深谙写人之"秘籍"——要么是"外貌特点＋具体事例"，要么是"一个特点＋一个典型事例"，看来都是训练有素，但是，细细读来，不过是中年级作文的加长版——不是自己忘了带伞，妈妈冒雨送来，就是妈妈送自己上医院，生病后妈妈怎样悉心照顾。题材老套不说，写法也如出一辙。难道年龄的增长，孩子们作文水平的进步仅仅体现在字数增多吗？同一个题目，真的无法写出新意吗？

在作文评讲课上，我告诉孩子，别看《我的妈妈》这个题目十分寻常，但有的时候，最好写的也就是最难写的。因为我们每天都面对着自己的妈妈，太熟悉了，反而降低了自己的观察力，比如说当我们和妈妈吵架后，我们很生气，躺在床上睡觉，这个时候妈妈给自己轻轻盖好被子，掖了掖被角，这很小的一个举动，就是母爱不经意间的流露。越小的事情，越普通的事情，越能唤起人的共鸣，所以写妈妈要从小事着手，抓住细节，让感情在日常生活中自然流露出来，这样才能真正打动人心。

随后，我以课文《慈母情深》《父爱之舟》为范文，给孩子们分析如何选取合理的小角度来切入，如何通过细节描写展现人物形象。孩子们似乎若有所悟，他们又开始陷入沉思。我有点儿忐忑，不知道学生是不是能够领悟其中的奥妙，选取不一样的角度重新来完成这篇习作。没想到，第一篇经过指导后的习作就让我眼前一亮——

我的妈妈

曾经，一直不明白妈妈为什么总有那么多事情好唠叨；曾经，搞不懂妈妈的唠叨有什么用；曾经，觉得妈妈的唠叨是多么令人生厌，但是，现在我想说——妈妈，你的唠叨，我懂。

期中考试的前夕，我独自一人坐在书桌旁复习。桌子上的书本堆得像座小山，整个房间只听到我做模拟卷的"刷刷"声。不知什么时候房门轻轻地推开了，我回头一看原来是妈妈，于是就转过身去继续做我的卷子，妈妈温柔地对我说："蓉蓉，休息一会吧，不要太累了！""还有那么多的题没做完呢，你让我休息，我怎么来得及呀！"我有些不耐烦，不过妈妈并不在意，替我铺好被子后，就转身出去了。

复杂的题目，让我的思绪乱成一团，内心的烦躁让我想把卷子撕个粉碎。这时，妈妈又进来了，"要喝杯牛奶吗，想喝冷的还是热的？""随便随便！"我没好气地打断了妈妈的话。"那喝热的吧。你休息会吧，老盯着作业对眼睛不好，视力本来就差……""烦不烦啊，不要打扰我！"心中的燥火让我冲妈妈吼叫道。妈妈似乎想说什么，却发出一声爱怜的叹息，轻轻地关上房门。

过了不久，房门又轻轻地推开了，这次我不敢回过头去看，因为我不知道怎样面对刚刚被我伤害过的母亲！门再一次被关上了，我转过头去，发现在桌子边上放着一杯热乎乎的牛奶和一张纸条，拿起纸条，上面是熟悉的字迹：蓉蓉，妈妈知道你嫌我烦，但我也是为你好。顿时我的眼睛里充满了泪水，大颗大颗地落下来打在纸条上，模糊了字迹，我终于明白妈妈为什么总有那么多事情好唠叨，终于搞懂了妈妈的唠叨有什么用，终于感受到那唠叨中所深含的爱……

唠叨是让人心烦的，却也是使人心暖的；唠叨是让人反感的，却也是令人幸福的；唠叨是平淡的，却也是最饱含深情的！

哦，妈妈，你的唠叨，我已懂……

这个孩子构思时，从小处入手，寻找了一个很特别的角度——妈妈的"唠叨"。她给妈妈的"唠叨"设置了一定的背景，使原来让人心烦的"唠叨"充满了母爱。整篇文章没有一个爱字，又无一字不浸透了爱，真是一篇佳作。我将这篇文章读给全班孩子听，那些苦于无从下笔的学生豁然开朗，不一会儿，大家都笔走如飞。

再次交上来的《我的妈妈》，可谓是百花齐放——

有的在材料上做文章，发现了新的角度，如写妈妈喜欢练瑜伽了，她跟上了时代的步伐，希望自己用新的面貌迎接生活；妈妈学会了刷微博，其实她费尽心思，是想了解叛逆期的自己的心理动向，怕自己走了弯路。

有的在写法上先抑后扬，写别样的母爱，同样给人耳目一新之感。如写下雨天，细心的母亲却偏偏"粗心"，让我自己想办法回家，借此培养我的自立自理能力。

还有的变换了切入的角度，如以灯的口吻来写深夜母亲为儿女织毛衣的镜头，这样采用拟人手法，以物的视角来切入，角度很是新颖。

其实很多题目，不要看它老套，往往能常写常新。我们要教会孩子用心体会，用心感悟，从小事切入，另辟蹊径，自出机杼，同一个题目也能演绎出不同的精彩。

49

借景抒情并非"造景抒情"

借景抒情的文章在语文教材里比比皆是，比如，统编版六年级上册的《桥》开篇就描写"黎明的时候，雨突然大了。像泼。像倒"，一下子就渲染了气氛，预示着一场灾难即将发生。这种写作方法在讲读课文时多次提到，但并没有要求学生在作文中有意识地使用。王国维先生说"一切景语皆情语"。在叙事类作文中适时穿插景物描写，更能增添文章的感染力。我想，对于高年级的孩子，不妨先做个铺垫，让学生熟悉这样的写法，在习作时可以尝试运用。

于是，我在教授这一单元的课文时，渗透了写作方法的指导。我告诉孩子们，所谓的借景抒情，是指作者把自己内心要表达的某种情感蕴含在对景物的描写之中，借景物来抒发感情，可以在作文中尝试运用。

有的孩子悟性不错，一个习作片段让我眼前一亮——

> 今天，是知道期末成绩的日子，拿到了成绩单，我的心犹如陷进了一个无底洞，很沉很沉——因为这次考试考砸了。
>
> 天空乌云密布，仿佛周围的一切都蒙上了一层灰：花谢了，草枯了，连天空都变得黑暗无比，一切不再美好。我的脚，如拖着两块大石头，迈不开步……看着成绩单，想到将面对无休止的责备，泪水便填满了眼眶。这一刻，仿佛时间凝固，一切是那样茫然……

这个孩子用"乌云密布""花谢了""草枯了"等景物描写，生动细腻地展现了考试失利拿到成绩单后那种颓唐、失落的心理。我将这个片段在作文讲评课上加以评赏，予以了充分的肯定。不少孩子听后，频频点头，似若有所悟。

没想到，接下来孩子们生搬硬套，模仿这个片段"借景抒情"起来。一个写："天阴沉沉的，仿佛天要压下来一样，让人喘不过气。今天我被老师批评了，在回家的路上，我心情低落……"另一个写："浓云密布，天阴沉沉的，唉，没想到爸爸妈妈又吵架了……"

翻看一篇篇作文，只要提到心情低落，那就一定是"天阴沉沉的"。孩子们似乎已经知道借景抒情的妙处，想方设法用一些"借景抒情"的写法使作文更有味道，但都这么不分实际情况地"套用"，实在是有点失当。

古人云"感时花溅泪"，我们的文化的确会将阴雨天气与伤心、悲伤联系在一起，而且当我们情绪比较低落的时候，也容易因为雨水缠绵引发各种悱恻、感伤的情绪。所以，看到"阴雨天气"这几个字，往往让人联想起"清明时节雨纷纷""丁香空结雨中愁"之类的感伤诗词来。不过，在我看来，可以"借景"抒情，而不能为了抒情而"造景"。

当我指出这个问题的时候，孩子们的脸上倒真是"阴云密布"了，他们觉得这个问题比较棘手，很难回答。我问他们："难道你们只要考不好，只要心情不爽，那天就一定是阴雨天吗？就没有天气晴朗的时候？"

有学生答道："当然不是。但是，老师，难道我能写'今天阳光灿烂，我心情低落地走在放学的路上'吗？"

我笑了，反问："难道不能吗？"孩子们面面相觑，不知如何是好。他们叽叽喳喳，讨论了半天，结论是：只能在心情好的时候"阳光明媚"，在心情郁闷的时候"阴云密布"。要不然，这个"景"就无法"抒情"了。

等孩子们讨论完，我说："看来大家都认为不可能，那老师就来说个'阳光明媚'的天气下'心情低落'的片段，好吗？"这一下，教室里鸦雀无声，孩子们翘首以待，等待着我如何反向"借景抒情"。

> 这天，我又考砸了，心里满是失落，看着试卷上的刺目的大叉，只觉得心如刀割。走在回家的路上，虽然天气如此晴朗，但这充满暖意的阳光却怎么也照不进我的心里……

大家静静地听着，有人终于忍不住，说道："真的，原来'阳光明媚'也可以表现如此悲伤的心境呀！"我点点头，肯定了他的想法，并总结道，"借景抒情"并非"造景抒情"，"景"的确是为了烘托"情"的，但"景"要恰当，要真实。虚假的情景，牵强附会的感情，这些都是借景抒情法最忌讳的。

50

逆向立意亦可求异出新

北方有句俗话：别人嚼过的馍不香。意思是要创新求异，要别具一格，要独树一帜。但同一题材的作文，学生们写出来往往是"千人一面"，了无新意。

就拿写冬天的文章来说，我所在的这个城市冬夏分明，而冬季尤其漫长，常常是十月底悄悄来临，到来年四月初仍意犹未尽地不肯离去。因而，老师总喜欢以冬天为作文题材，让学生来练笔。

以下是我儿子的习作《冬天真冷》——

金桂飘香的秋天过去了，寒气逼人的冬天悄然来临，今年的冬天可真冷呀！

清晨，我拉开窗帘，眼前的景象让人惊叹：窗子上结满了冰花，有的像一匹奔驰的骏马，有的像高耸入云的大山，有的像白胡子老爷爷……这冰花的杰作真是有趣！屋外，是白茫茫的一片，虽然积雪不厚，但也将整个世界打扮得银装素裹，分外漂亮。

寒冷的冬天，少了许多小动物的身影。瞧，我家的小乌龟再一次将自己的身体缩进了龟壳，躲进了沙堆，美美地睡一个冬天的长觉；麻雀也似乎抵御不住这寒风的侵袭，飞得无影无踪。

不少植物也耐不住这寒冷的天气，失去了原有的风采。小草早已不是绿油油的了，它们用灰黄的大衣覆盖着大地；花儿美丽的裙子被呼呼的北风带走了，只剩下孤零零的花茎。

但是，这么冷的冬天却阻挡不了孩子们的热情。你看，我们精神抖擞地晨跑，将寒气驱赶得远远的；我们兴高采烈地打雪仗，将快乐洒满整个冬季。所以，这个冬天虽然很冷，我却要大声说："冬天，我爱你！"

三年级学生的作文，写冬天主要以描写景色为主，用了一定的修辞手法，还算生动具体。可是，到了六年级，这个题材怎么写？不少学生似乎胸有成竹，驾轻就熟地把自己曾经写过的作文重复了一遍，从三年级到六年级，只能说字数更多些，描写更生动些，错别字更少些，其余的呢？就没有了。怎样让孩子将同题材的作文写出新意，在我看来，还是有一定方法的。

从前，智取华山的勇士们不相信"华山自古一条路"的说法，终于寻找到了另一条能避开顽敌封锁的路，突破天险，直捣山上匪巢。我们写作文也如同登华山一样，即使是同样的题材，如能独辟蹊径，逆向立意，往往就能不落俗套，别开生面，求异出新。

六年级的孩子写冬天这个题材，我给出的题目跟学生以前写过的正好相反——《这个冬天不太冷》，学生们叽叽喳喳，以为是让他们写"暖冬"，纷纷说这个冬天还是挺冷的，认定我将题目出错了。我笑着告诉他们："的确，今年的冬天还是和往年一样冷，但这是生理感觉，你们三年级时就写过了，我们今天写一写这个冬天让你们心头一暖的小事，感受这个冬天不太冷的一面。"

学生们陷入了沉思，似乎觉得这个角度很特别，不一会儿，就有孩子交上来了，其中，不少作文让我眼前一亮。

学生作文一：

> 冬，一个安静无声的名字。雪静静地下着，无声无息地飘落，无人察觉。走出校门，看到的只是成片的白色，那么静，那么冷。凛冽的寒风席卷着孤独和寂寞，侵袭而来。尽管戴着围巾手套，也挡不住那刺入骨髓的寒意。
>
> 门口的小吃摊，十分热闹。谁不愿意在这寒冷的天气里吃上一碗热气腾腾的馄饨呢？我当然也加入了吃馄饨的人堆里。卖馄饨的是一位年过六旬的老奶奶。别看老奶奶满头白发，手脚却麻利得很。那张满是皱纹的脸上总洋溢着慈祥的笑容。
>
> 坐在矮矮的小板凳上，手中捧着一碗漂着葱花的馄饨，淡淡的热气，冉冉而上，吹在我早已冻红的脸颊上。还没开始吃，寒意已被驱散了几分。
>
> 我迫不及待地吃了起来，温暖的感觉一下子弥漫开来。"不好，我的钱包呢？"不知是谁打破了宁静的画面，人们都闻声望去，原来是一个小男

孩，吃了馄饨竟忘了带钱包。我心里想，老奶奶一定不会放过他的，吃东西不付钱怎么行？带着疑惑，我又好奇地注视着那张桌子。只见老奶奶放下手中的事，擦擦手，来到那男孩的身边，不是开口大骂，也不是赶人出去，只是笑了笑，说："没关系，这一次就算是奶奶请你的。"说完又转过身去，收拾碗筷了。

我傻傻地望着老奶奶那并不高大的背影，她那白花花的银发被风吹得有些凌乱，在白雪的映衬下她显得更加瘦弱。霎时，我觉得心灵触碰，一时间一股暖流涌了出来，融化了铺在心底的冰雪，一点一点地绽放出艳丽的花朵。是吗，人世间的感情被冰雪封印了吗？可它却在一位老人身上发光发热，化成一碗碗馄饨温暖着身边的人。

再一次踏上回家的路，在寒风中我却感觉不到寒冷，整个世界仿佛暖意融融。我笑着感叹：这个冬天不是很冷嘛！

（这篇习作后来发表于《扬子晚报》）

学生作文二：

那一幕，我至今都难以忘怀。那个冬天，寒风凛冽，夹杂着雪花的空气，冰凉冰凉。偶尔有几个过路行人，个个也都打着寒战，把脖子缩了又缩。马路边的香樟树，虽然依旧无所畏惧地挺立在寒风中，但它的枝条上覆盖着大片厚厚的雪花，仿佛有些不堪重负。

我腹里空空，穿着厚羽绒衣躺在沙发上看电视。"卖——山芋——喽！"一声苍劲有力的叫喊把我吓了一跳。什么？山芋？我的眼睛闪过一丝兴奋，随即拿出十元钱，跑到楼下。"爷爷，来三个山芋！"我叫道。近前一看，原来是一位头上满是银丝的老爷爷。他脸上虽然有很多皱纹，但脸色红润，一直笑呵呵的。"小朋友，这么冷的天，你还来买。这天气，别人都懒得下来。这样吧，我给你捡几个大一点的，一个三块钱。"他刚打开铁桶的盖子，甜甜的香气便钻进了我的鼻子，一缕白雾慢慢腾空而去。我把冻僵的手伸过去，顿时暖和了许多。"小朋友，拿好！"那位老爷爷依旧笑呵呵的。哇，那山芋好大啊，我必须得用两只手才能捧下它。"谢谢爷爷！"我边说边把钱递给爷爷，他擦了擦手，马上给了我一块钱找零。

"小朋友，慢走啊！"老爷爷拍拍我的肩，推着铁桶走了。"卖——山芋——喽！"那洪亮有力的声音在耳畔回响。我捧着山芋，咬上一口，那甜甜的山芋便在我口中融化开来，凛冽的寒风仿佛变成一缕暖暖的阳光，使我整个心都荡漾起来。

北风，吹得更猛些吧；雪花，下得更大些吧！我的心是暖暖的，老爷爷那混沌却有力的声音被我永远铭记着。这个冬天，不太冷。

所谓"文章切忌随后人""文贵创新"，都是强调一个"新"字。同一题材的作文要写出新意，需要指导学生逆向立意，克服"心理定势"的影响，用新的角度去观察事物，引发新的观点，这样就能写出新鲜活泼、不落俗套的好作文来。

51

破译精彩小说的密码

    小小说被视为一个微型王国，它在几页纸的篇幅内构筑了整个世界。正是借由这种凝练，小小说以与长篇小说截然不同的方式有力地穿透和洞察了人类社会的生活。而对于小学生而言，尝试着创作小小说是一件非常有挑战的事情。

    统编版语文六年级上册习作四"笔尖流出的故事"就提供了三组环境和人物，要求学生围绕主要人物展开丰富的想象创编故事，试着写出故事发生的环境和人物的心理活动，还要做到故事完整，情节吸引人。一说到写小说，孩子们激动起来，毕竟小说中的故事都是虚构，岂不是可以随心所欲，天马行空？

    我笑着指着单元篇章页上的一行文字"小说大多是虚构的，却又有生活的影子"，告诉他们，小说的内容要来源于生活又高于生活，不能信马由缰，要让你的故事中有充满矛盾的人物关系、充满曲折的具体情节和充满深意的故事立意。

    一听这话，孩子们又觉得困难重重，不知道该怎么构思一个引人入胜的故事。

    看到孩子们紧锁的眉头，我便带着他们开启"头脑风暴"。我在黑板上写上两个词语"鞋匠 军人"，问道："看到上面这两个词语，你觉得鞋匠和军人之间会发生怎样的故事呢？请你们展开想象，看看谁说的故事最有创意。"

    话音刚落，很多孩子跃跃欲试。一个孩子说："我认为是鞋匠用一辈子的心血培养儿子，最后他的儿子成了军人。"另一个孩子说："我认为鞋匠经常被人欺负，所以他让孩子努力学习，考上军校，成为了军人。"还有孩子编了这样一个故事："我觉得是鞋匠特别崇拜军人，所以他看见军人就免费帮他们修鞋子。"……孩子们脑洞大开，设想了很多种情节。

    我没有急着点评他们构思的优劣，而是将两个词语补充成一对词组——"焦急等待的鞋匠 失去双腿的军人"。"现在，再来对比这两个词组，你们能提出哪些问题呢？请根据这些问题，在刚才大家交流的基础上进行一定的修改和补充。"

孩子们纷纷提出问题"鞋匠为什么很焦急，他在等待什么？""军人怎么会失去了双腿？""鞋匠和失去双脚的军人为什么会发生联系？"……给两个词语加了定语后，既缩小了想象范围，但又开拓了新的思路，孩子们开始重新调整自己的构思。

教室沉寂了一会儿后，有孩子说出了自己的新想法："鞋匠的孩子被坏人拐走，鞋匠在万般无奈之下去求助一位军人，这位军人在营救孩子的过程中，与坏人展开了搏斗，最终，因为伤势严重失去了双腿。"

还有的孩子说："老鞋匠的儿子不愿意做鞋匠，想当兵，就偷偷去了前线，后来老鞋匠原谅了儿子，他做了双鞋子等儿子回来穿，但等啊等，等来的却是儿子失去双腿的消息。"

我肯定了孩子们的想象力和故事的合理性，紧接着，我又在黑板上添加了一个词组——"傍晚，空无一人的街口　焦急等待的鞋匠　失去双腿的军人"。

"还是这两个人物，放在傍晚街口这一环境中，你们觉得故事会有什么不同吗？请大家打开思路，继续创编故事。同时，和前面构思的故事做一个比较，看哪个故事更能吸引你。"

加入环境描写后，之前编的故事有的似乎不能放在这个情景中发展，只有"老鞋匠做了鞋子等儿子归来"的情节似乎更符合这个情景。于是，就有孩子为这个故事进行了重新规划："老鞋匠做了一辈子鞋子，结果儿子不愿意延续他的工作，执意要去当兵，他偷偷地参了军。老鞋匠开始时十分愤怒，后来他理解了儿子，但儿子多年未归家，他一直思念着自己的儿子，就给儿子做了一双漂亮的鞋子，希望他能平安回来，穿上这双自己亲手制作的皮鞋。他每天傍晚，都在空无一人的街口等待儿子，可是，当他终于看到那个熟悉的身影时，他怔住了，因为儿子在战场上失去了双脚，再也不能穿上鞋子了……"

这个孩子刚说完，大家都自发鼓起掌来，觉得他的想象力太丰富了，这个环境描写加在这个故事中也是恰到好处。

在层层递进的编故事过程中，孩子们逐渐对小小说的环境、情节、人物三者关系有了更深的理解。趁热打铁，我对此做了小结——好的小小说，就是在特定的环境中，围绕主要人物，构思合理的情节，塑造鲜明的形象，使人印象深刻。

看到孩子们若有所悟，这时，我揭晓答案："刚才我们牛刀小试，围绕特定的人物和环境创编了故事，那么，这究竟是一个怎样的故事呢？大家一起来读——"

鞋

一天，两天，一个多月过去了，每当日落西山的时候，小鞋匠都忍不住要向路口张望，希望能从落日的余晖中看见那个高大的身影。但是，他没有看到。

又是一个傍晚，一位瘦瘦的军人来到修鞋摊旁边对小鞋匠说："一个月前，是不是有位大个子军人来这儿修过一双鞋？"

"啊……对呀。"

"要付多少钱？"小鞋匠略一沉思，说："修鞋费一块五，外加一个月保管费五毛，你给两块钱得了。"

军人把两元钱递给他。小鞋匠收好钱后问："怎么大个子没来？"

"他……上前线去了。"说完军人转身要走。"哎，"小鞋匠提起那双修好的皮鞋，喊道，"鞋子，鞋子……"

军人止住脚，用低沉的声音对小鞋匠说："他的双腿，已经在前线……他特意来信嘱咐我把钱送给你，谢谢你了！"说完，军人迈着大步走了。

待所有孩子读完，我问他们："和大家自己创编的故事相比，小说原作给你印象最深刻的是什么呢？"立刻就有孩子发现了其中的精妙之处："我觉得结尾出人意料——这个军人失去了双腿，根本不需要鞋子了，竟然还委托其他战友来交修鞋的钱，他的举动真的让人太感动了。"我点点头，告诉大家："这就是小小说中设置的悬念，这样的结局在情理之中，又在意料之外，让人读后回味无穷。"

在层层抽丝剥茧后，我开始引导孩子理解其中的内核："结合这个故事以及以往的阅读经历，你觉得怎样才能把故事写好呢？"同学们七嘴八舌地说着自己的理解，我顺势总结道："是的，好的小小说要有一定的主题，通过语言描写、心理描写等方法塑造出鲜明的人物形象，让故事情节曲折起伏，加入一定的环境描写，结尾处设置悬念等。"

随即，我就出示了书上第一组环境和人物，让大家找一找提示语中的关键词。

环境：开满丁香花的校园

人物：淘气包张明

雷厉风行的班长王寒冰

充满活力的年轻班主任李军

大家通过"校园、淘气包张明、雷厉风行的班长"这些关键信息，提炼出其中的主题核心词是"友情"。围绕这个主题，孩子们展开想象，按照故事的起因、经过和结果来补充情节链。有个孩子是这样设计的：张明摘丁香花，班长批评他→张明不服气，两人一同找老师评理→在老师的帮助下，两人和好。

大家一致认为，这样设计的优点是过程清晰，立意明确；而缺点是情节过于简单，缺少冲突。于是，孩子们又展开想象，设想张明和班长可能发生的冲突和解决冲突的办法，把情节链改成这样的设计：淘气包张明摘丁香花，班长王寒冰批评了他→张明不服气，和王寒冰争吵起来→两人一同找班主任李军老师评理→张明想把丁香花送给生病的妈妈，事情真相大白→两人互相道歉，和好如初。他们的理由是，这样在情节构思中设置合理的矛盾冲突，写一些人物有不同寻常的想法或者表现，结局才能在意料之外，又在情理之中。

有的孩子在这个故事情节的基础上，提出了自己对环境描写的想法——可在文章的首、中、尾部分描写校园里的丁香花，进行点缀和呼应，还可以用花香来比喻人物之间的美好情感。

就这样，我运用"头脑风暴"的方法，从关键词语出发，让学生的想象拾阶而上，同时通过关键信息的逐步具体化，让他们找到写作的规律，破解了如何构思小小说的难题。很快，教室里响起了"沙沙"的写字声，孩子们的笔尖流淌出许多动人的故事，就让我们来看看其中的一篇吧——

开满丁香花的校园

操场周围开满了丁香花，白的潇洒，紫的朦胧，一阵风吹来，花瓣簌簌地往下落，不一会儿，地上就铺满了一层薄薄的花毯。

"嗖"，一个黑影出现在花丛中。呀！那不是出了名的"小淘气"张明吗？只见他左看看右看看，像做贼似的。当他确定周围没人后，立马又"嗖"地窜到了丁香花间。王寒冰凑过去一看，这家伙手里捏着几朵丁香花，口袋里鼓鼓囊囊，他一定是在偷丁香花！

"张明，住手！"一声怒吼灌进张明的耳朵里，张明愣在了原地。"班……班长，我什么也没做，我只是蹲在这里看……看蝴蝶……嘿嘿！"话音刚落，张明转身就想溜！班长王寒冰一把抓住张明的胳膊："嘿，张明同学，别急着走呀，你说你看蝴蝶，我可以相信你，但是你手上拿的又是什么呢？"

在证据面前，张明哑口无言。这时，年轻的班主任李军老师正巧路过，看见了这一幕，走过来询问："张明，又犯什么错了？""老师，我什么也没做呀！我正准备抓蝴蝶呢，班长就拦住了我。"张明故作若无其事的样子。"张明，你分明就是在偷花，别狡辩！"王寒冰不服气地瞪了张明一眼。"行啦，行啦，王寒冰呀，这事交给老师处理，你看行吗？"随后，班主任又转向张明："你现在立马跟我去趟办公室！"

走在铺满丁香花瓣的小道上，李老师拍拍张明的肩膀："张明，说说看，你为什么摘学校里的丁香花呢？"张明的脸色有些凝重起来，他犹豫了一会儿，还是开口了："老师，我承认，我在学校里很调皮，但这次我没有摘丁香花，是从地上捡起那些完整的花朵，因为我妈妈她喜欢丁香花，她……最近生病住院了，我想送一些丁香花给她，祝她早日康复……"

李老师这才明白，他点点头："老师错怪你了，我办公桌上有一盆小丁香，我送给你，你拿去送给妈妈吧！""谢谢老师！"这一刻，张明激动极了。

办公室窗外，突然露出了一个小脑袋："对不起，张明，我误会你了，我帮你把那些散落的花收拢在一起，做一个丁香花的香囊，送给你妈妈吧！"

这一刻，窗内的张明笑了，窗外的王寒冰也笑了，校园里的丁香花开得更美了，整个校园都弥漫在花香中……

学生写作文，最犯愁的是很难确定真实与虚构两者间的区别。囿于真实，则打不开想象力，孩子的作文要么空洞、要么成了流水账，而学写小说就很容易打开孩子的想象空间。作为语文教师，我们要帮助学生破译精彩小说的密码，在短时间内突破写作的"围墙"，让他们既能天马行空地想象，又能联系已有的生活经验和写作知识将故事写精彩，从而让虚构的真实变得更有力量。

52

作文中的"撒谎"与"虚构"

　　我的一个朋友，孩子已经上六年级了，作文仍是个老大难问题，不仅写得磕磕绊绊的，最让这位朋友头疼的是，孩子还喜欢在作文里胡编情节。这不，老师让写《爸爸妈妈，我想对你说》，孩子竟然编造了父母离婚的桥段，还说这样才能表达自己内心的纠结与痛苦。这位朋友看到了这样的作文，真是气不打一处来，她问我："瞧瞧，现在的孩子小小年纪把说谎当成家常便饭，将来怎么还了得呢？"

　　其实，这样所谓的"虚构"在小学生的作文中比比皆是。我曾经参加过一次区抽考阅卷，作文题目是《我的家乡》，结果有一个学校的作文让我目瞪口呆，全班的孩子几乎个个都非本地人，而是来自祖国各个风景名胜区——有的住在庐山脚下，便可以将庐山云雾的优美段落移植过来；有的住在黄山顶上，把那些描写黄山奇松姿态的语句完全照搬了；还有的住在黄果树瀑布旁边，那"银雨洒金街"的奇景就能够巧妙移植……这样一来，文章倒是字字珠玑，但明眼人一看，分明就是"移花接木"的效果。孩子虚构了自己的家乡，就是为了作文能拿个高分，作为老师，可以引导或是默许孩子们这样做吗？孩子能不能在作文中有所虚构？是不是一定要写自己身边真实的事情？

　　在这十几年的写作生涯和作文教学中，我逐渐领悟到，虚构在写作中或多或少都是存在的。像孩子们喜欢的想象作文，其情节就完全是虚构的。对于这样的文章，他们仿佛是想象的天使，如鱼得水，纵横驰骋，总是能妙笔生花。写《未来的学校》——"教学设备可先进了，每个教室都装有一个'书本情景感应器'，它可以把你带到书本的情景里去，当你读到《记金华的双龙洞》时，这个神奇的机器就会带着你随叶圣陶爷爷一路游览，淙淙泉水，神秘洞穴，身临其境地领略文中的意境，这该有多棒呀！"写《神奇的鞋子》——"我送妈妈一双神奇的鞋子，它有伸缩的鞋跟，变幻的颜色，妈妈再也不用为新衣服配不上合适的鞋子而烦恼了。上班时变成高跟鞋，妈妈顿时成了一个干练的白领；下班时变成平跟鞋，妈妈买菜、逛街就可以健步如飞……"瞧，这些天马行空的想象，无不让我们这些成年人叹服。

但是，一遇到写实的作文，学生就显得思维难以展开，他们虚构的情节要么让人啼笑皆非，要么千篇一律、如出一辙。写"母爱"不是写"妈妈冒雨送伞"，就是写"妈妈半夜送我去医院"；写"我的老师"的不是写"老师到我家帮我补课"，就是写"老师挑灯批改作业"。很多细节都显得生硬做作，毫无真实性可言，只能算作"撒谎作文"。

韩寒曾经说过"人生的第一次撒谎常常是从作文里开始的"。在我看来，小学生写"撒谎作文"实属不得已，由于他们生活圈子狭小，不可能接触到丰富的社会生活，因而难以储备充裕的作文素材来应付老师布置的作文题，这样，就不得不根据头脑中现存的一鳞半爪，编造故事情节，来求得一个过得去的作文分数。

有老师认为，这无非是体现了孩子的想象力，文学作品中都有不少虚构的情节，怎么能要求我们的孩子完全写真实的生活？要知道天才的想象力和高明的说谎能力，往往在最开始都有着惊人的相似。用文学的行话来说，虚构又叫"调动生活"，但这个生活，本身应该是真实的。

我让孩子们写体验作文《对妈妈说声"我爱你"》，要求他们对妈妈说完这三个字后，看看她有什么反应，再把这个过程描写下来。结果，交上来的作文，基本上大同小异——有的写道："听到'我爱你'这三个字，妈妈先是一愣，然后又好像恍然大悟，'咯咯'地笑了起来，捧起我的脸颊，对我亲了又亲，温柔地对我说：'长大了，懂事了！'此刻，激动的泪水溢满了妈妈的眼眶，也溢满了我的眼眶……"还有的写道："我慢慢吞吞地走到妈妈面前，支支吾吾地说了一声：'妈……妈妈，我……我爱你！'声音小得像蚊子一样，只有自己听得见。这一瞬间，我只觉得自己的脸'刷'的一下红了。抬头一看，妈妈笑了，眼里却有晶莹的东西闪了一下，她抚摸着我的头说：'宝贝，你长大了，也懂事了，妈妈为你感到骄傲！'……"如此一来，都是符合老师胃口的"好作文"，但篇篇如此，显得有些"虚伪"。

我问他们："难道每个妈妈听完后都是热泪盈眶，和你们相拥而泣的吗？有例外的吗？"有好些个孩子说"有"，但表示太真实的情节，不好写进作文。一个孩子惟妙惟肖地表演了妈妈的神态，听到孩子说"我爱你"，先是一愣，突然恍然大悟，问道："宝贝，是不是零花钱又不够花了？"还有一个孩子也很搞笑，模仿妈妈的语气说："去去去，没看妈妈正忙着吗？你要是能去认真做作业，就是对妈妈最好的爱啦！"然后，妈妈就转身进了厨房。

我也忍俊不禁，反问道："这些为啥不能写进作文呢？"几个孩子很机灵，说："这样写不生动，三言两语就结束了！"我说："那么，你们可以调动一些情节来补充。比如，妈妈问是不是缺零花钱的，看来你以前一定是用过这样的方法'征服'妈妈的，所以这次她才会误会，你可以把以前妈妈给零花钱的场景移植过来，想想接下来会发生什么；妈妈进厨房忙的，虽然嘴上说'去去去'，可是一定心花怒放，给你做了一桌好菜，你也可以调动想象，想想妈妈在厨房忙碌时会是怎样的心情和表情，这样的文章多生动啊。为了把景物写得更美好，把事情写得更富有意义，把人物特点写得更让人印象深刻，我们可以根据作文需要，把内容加以重新组合，然后构思表达，但千万不要脱离真实的生活。事实是什么，你最强烈的感受是什么，你就怎么写！"

进入高年级，我们应当允许学生借助文学创作的虚构手法，在行文中对人物、事件、行为、心理，特别是细节部分进行合理的想象，做一些艺术化的处理。合理的虚构可以使文章更丰满，"虚构"不等同于"撒谎"。十一二岁，本就是一个对生活充满幻想和憧憬的年纪，如果孩子都把真实的自己隐藏起来，写一些老套、刻板的虚伪文章，这其实是不可取的。

53

作文语言需要怎样的"亮点"

期中考试阅卷完毕，我拿着自己班的作文，一一翻看。这次考试的作文题目是半命题作文——"拒绝＿＿＿＿＿"，同学们的选材倒是多种多样：拒绝懒惰，拒绝平庸，拒绝不良诱惑，拒绝粗心，拒绝说"I can't"……雷同的作文很少，这让我颇为欣慰。但再细细看他们的作文内容，我却发现了一个不可忽视的问题——文章语言过于平淡，往往读完整篇文章，都找不到一个"亮点"。

到了六年级，学生掌握的词汇量已经极为丰富了，不少同学在做复杂的"成语接龙"游戏时，可以一口气接上三五十个，可是翻开他们的作文，却常常一个成语也找不到，明明会用却没有用，等于浪费了自己的能力，这是很可惜的。

发下试卷后，我简单指点了班级的孩子们，告诉他们，文章不能过于平淡，要有"亮点"。所谓"亮点"，就是作文语言要有些能够使人眼前一亮的东西，这是一篇文章的魅力所在。如果把作文比作一道菜肴，那么思想、立意是它的营养成分，语言就是它的色、香、味。作文有了独到的见解、合理的结构，如果能再加上精彩的语言，就如同一道美味佳肴，既可以滋补身体又赏心悦目。

没想到，一个语文成绩特别好、作文超棒的学生根据我所说的，重新修改了自己的作文，洋洋洒洒地写了近一千字。当她将"亮点"频现的作文置于我的眼前时，我惊诧了！——惊诧于词语的华美，惊诧于遣词造句的时尚。为了显示自己的文采，这个孩子在文章中大量堆砌诗词文赋，各种比喻、排比和引用轮番登场，但是文章内容空洞，华而不实。

看我默默不语，她忍不住问我："老师，你觉得我写的文章怎么样？文采好吗？"我认真地对这个女孩说："文章是需要有一定的文采，但文采不是简单的辞藻的堆砌。写文章语言干瘪，味同嚼蜡，当然不行。天然去雕饰，清水出芙蓉，那才是我们追求的理想境界！"这个学生似懂非懂地看着我，问道："老师，你昨天不是才说写作文语言要有'亮点'，今天怎么又说表达需要'天然'呢？"

看来，这个孩子在写作文时有一种错误的观念，认为只有语言华丽才是好文章，于是拼命地追求一些好词好句，结果却让人觉得华而不实。其实，"话须通俗方传远"，简单朴素的语言，更能给人一种"清水出芙蓉，天然去雕饰"的感觉。如何让语言既自然又让人感到新颖、鲜活，真正让人眼前一亮？看来，这个问题并不是几句话可以解释清楚的，因此，我的作文课上又有了新的内容。

怎样才能让作文语言"扮靓"，但又显得清新自然？作文课上，我教给孩子三个直观的方法：

第一种方法是添加短语或句子，扩展原有句子。一个简单而完整的句子只需要具备主、谓、宾等主干部分就可以了，但这样的句子表达语义肯定显得苍白无力。在主干的基础上适当添加一些富有内涵的修饰成分，则会使句子变得具体而生动。

我出示了一个例句：

> 早晨，阳光照着我的卧室，小鸟在树上鸣叫。

这是个写实句子，无特别美感可言，我们可以在它上面点缀一些附加成分，使其内涵丰富起来：

> 早晨，（明媚的）阳光［柔柔地］照着我的卧室，（轻盈的）小鸟在树上［婉转地］鸣叫。

点缀上这些修饰语，不仅使原来的语义表达得更加准确，而且由于恰当地运用了不同的修饰语，句子也明显变得活泼了。

我又给了学生两个语言训练题：

> ①秋天刚到，一些黄叶就落下来了。
> ②我呆呆地盯着窗外，只见长长的雨丝不断地飘落。

孩子们给这两个句子添加了一些成分：

> ①秋天刚到，一些性急的黄叶就落下来了。
> ②我呆呆地盯着窗外，只见长长的雨丝不断地飘落，雨丝长愁丝更长。

①句中只是加上"性急的"修饰了一下，就把黄叶拟人化了，整个句子于是充满了情趣。而第②句，增加了情景交融的部分，意境也就出来了。

由此，我引导孩子们领悟，写文章就像下围棋，围棋的技巧在于做眼，眼做活了，棋也就活了。语言的表达技巧也在于做眼，篇有段眼，段有句眼，句有词眼。眼做活了，文也就活了。

第二种方法是将笼统变为具体。在学生作文中经常出现一些笼统的、表达平平的语言。比如写"静"，不少学生会简单地表达为"这里很静"，而这样的语言就是笼统的，抽象的，没有内涵的。

我让孩子们将"静"再写得具体些，有孩子就改为"这里很静，只听见笔和纸的摩擦沙沙作响"。我肯定道，这样写就具体些了，但给人的感觉不新鲜。我让孩子们看看俄国作家屠格涅夫是如何来捕捉静的——"四周是那么的宁静，你能听见一百米外松鼠在枯枝上跳来跳去，断枝掉下来，先微微地勾住另外的树枝，然后落到松软的草面上——永远地掉在那儿，静静地等着腐烂"。你瞧，这样的"静"是多么鲜活可感。其实，如果能将事物写得可闻可睹可摸可感，尽量给人以新的感觉，语言的美感也就产生了。

第三种方法是要善于巧妙地组合语言。不少孩子认为只有多用修辞手法才能"标新立异"，于是就喜欢在作文中糅合各种修辞。但是有时把一些看似简单、直白的句子巧妙地组合在一起，也能达到一种"常字见奇，陈字见新"的语言效果。

比如，一个同学写一家人走亲戚时，由于意见不统一，爸爸妈妈闹矛盾："妈妈要走，爸爸不走。接着妈妈说'走就走'，爸爸说'不走就不走'。只是苦了我，不知是跟着妈妈走还是守着爸爸不走。"这段文字组合得就很成功，没有一个华丽的辞藻，却于质朴中见到了作者语言的功力。

一番指导下来，孩子们若有所悟。光说不练假把式，这不，还是回到原来的那篇作文《拒绝 》，重新修改。这一回，总算是成功地"拨乱反正"了！

> "你的数学真的很烂！"耳朵接收过很多次这样的信息，"数学白痴"的帽子似乎高高地顶在头上。"是真的吗？"我问镜中的女孩，然而她却告诉我，"如果你不同意，没人能让你自卑！"（《拒绝自卑》）

> 谎言，很多人都能做到张口就来，声情并茂，说得跟真的一样，时不

时还需要来点小毒咒小发誓什么的，以增加可信度。其实听的人有时候也是听之任之，明知道你在说谎，不愿意去拆穿你，因为，何必呢？（《拒绝谎言》）

这世上若有后悔药卖，那我肯定要买上一颗，因为我又一次由于自己的怯懦，让已到眼前的机会就像被惊走的小鸟一样，瞬间从眼前飞走。看到别人成功的场景，我脸上满是羡慕，心中却在反复咀嚼那一份酸楚。唉，我什么时候才能拒绝自己心中的胆怯呢？（《拒绝胆怯》）

我把几篇修改后的作文再与原文作比较，孩子们自己也明显地感受到，文字是作文的外套，同样的作文内容，好的语言的确会让人眼前一亮。

其实，一篇好文章，语言美是必不可少的。人们常说的美文，主要就是针对语言美而言的。而很多学生写文章时，总是信笔涂鸦，很不注意推敲语言，如果能让他们在写作中稍稍下点功夫，就可以使作文变得有声有色有分量。

54

面面俱到与多角度描写

周末，布置孩子们写一篇关于"梦想"的作文。原以为这是个很宽泛的话题，也非常贴近同学们的年龄特点，应该是个不错的题目。

果然，不少孩子看到这个题目，眼睛一亮，说："这个题目不错，好写！"是啊，"梦想"谁没有，何况身处梦想的花季年华，这样的话题写不出好作文才是怪事呢。然而，等我看到孩子们的作文时，才发现出了问题。比如这篇作文——

我的梦想

谁都有梦想，有人想当医生，有人想当老师，有人想当科学家，可我的梦想有很多很多。

有时我的梦想是当一名美丽的空姐，因为空姐可以跨越地界国界，飞向世界各地，尤其是空姐那一口流利的普通话和标准的英语，可以为世界各地的游客提供周到的服务。她们还可以游览世界风光，增长文化知识。

有时我又想当一名威武的军人，穿着绿色的军装，迈着整齐划一的步伐，英姿飒爽的样子一定很让人羡慕。哪怕为祖国站岗放哨，保卫边疆也是多么的无上光荣。我要向雷锋叔叔一样全心全意为人民服务，做一名高尚的军人，把有限的生命奉献到无限的为人民服务之中去。

有时我也想当一名医生，因为我想治好很多疾病，尤其是肝癌、肺癌……因为这些都是我身边的亲人曾遭遇的病魔，它们让我的亲人受尽了痛苦和折磨。我要学习丰富的医学知识，像神医华佗一样应用高超的医术解除亲人身上的病痛，让他们过上幸福快乐的生活；像白求恩一样不怕牺牲、勇往直前，尽自己最大的努力挽救每一个生命垂危的患者。

有时我还想当一名老师，博古通今，博学多才，学习天文地理、历史文化，把中华民族悠久的历史文化传播到世界各地，传授给我的学生，并且发扬光大。我还要给我的学生讲一些老革命战士的故事，告诉他们今天的生活来之不易，让他们珍惜现在美好的生活，展望未来，好好学习，奋发图强，报效祖国。

我有这么多梦想，可是每个梦想的实现，都不是那么容易的，只有好好学习、刻苦钻研，才能实现我的这些梦想，才能梦想成真。

你瞧，这位小作者，梦想成为空姐，梦想做个军人，梦想成为医生，梦想能当老师……一个又一个梦想五彩缤纷，让人目不暇接。梦想太多，于是就出现了左顾右盼、毫无重点的问题。而这，居然是全班孩子作文中出现的普遍状况。

我想，也许正因为是开放的话题，孩子们面对无数素材，感到无从挑选，所以将它们一股脑儿装进作文里，在写作中出现了"面面俱到"的问题。

在作文讲评课上，我从故事入手，讲解为什么不能将材料堆砌在作文里："传说中的水泊梁山兼收并蓄，一百单八将，天下英雄是来之不拒，个个都被接纳。虽然他们个个都是'梁山好汉'，个个都想坐头把金交椅，可是金交椅只有一把呀，所以，必须有所取舍。当我们面对作文材料时，也许会觉得它们个个都是'梁山好汉'，但也只能忍痛割爱，选择最合适的一个写进文章里，这是作文取材的法则。你们的梦想很多很好，但也只能就一个具体来写。"

于是，孩子们开始着手修改。十多分钟过去了，有的孩子还在抓耳挠腮，觉得难以下笔。一个孩子问我："老师，如果只写一个梦想，其他都删掉，我也写不出什么来，估计只能写个一百来字，这可怎么办才好？"周围几个孩子也随之附和，看来这是个共性问题。我提示道："你们可以多角度来写自己的梦想呀！""可是，你不是不让我们面面俱到地写吗？"孩子们又有了新的困惑。

我告诉学生，多角度就是从不同的视角对同一件事进行描述或者论证，面面俱到就是什么事都说，没有重点。有学生提出："老师，能不能举个例子呢？感觉没什么区别啊！"我于是拿起孩子课桌里的一个苹果，就此来举例："就像写苹果，有的人从几个方面对苹果进行描述，比如，可以写苹果的生长过程，可以写它的外形特点，也可以描绘它独有的味道。而有的人就对苹果啊、香蕉啊、西瓜啊一窝蜂地描述。前者就是多角度描写，后者就是面面俱到。"

在我的启发下，孩子们再次动笔修改作文。一个交上来的孩子是这么写的——

我的梦想

在我那颗小小的心灵中，有一个美好的梦想。虽然它很普通，但是这个梦想可以给人带来信心，带来快乐，带来幸福。

我的梦想就是当一名老师，一名普通的、快乐的、幸福的、给学生带来知识和快乐的教师。其实，这个梦想源自我小时候那位和蔼可亲的数学老师，我解不出一道难题，急得都快要哭出来的时候。老师用温和的语气给了我安慰，耐心地告诉了我解题的思路，让我豁然开朗。

从那一天起，我就下定决心，要向这个梦想靠拢。做一名老师，需要有渊博的知识，才能在三尺讲台前挥洒自如。现在的我自然要专心听讲，积极思考，课后多看课外书，开拓自己的视野……为了实现梦想，这些都是必不可缺的。

偶尔，我还学着老师的模样，批改自己的作业，管理班级的纪律。瞧，我居然"走火入魔"了——这天晚上，我的"梦想"真的在梦中实现了！

我站在讲台上，不断地向学生们讲解着新的知识。有一个小同学举手提问，我轻轻地走到他面前，微笑着向他讲解。他听懂了，我就表扬他，奖励给他一颗五角星，然后再给他出一道类似的题让他自己做。下课了，我和同学们一起跳皮筋、踢毽子、做游戏，孩子们围在我身边，叽叽喳喳的，都特别喜欢我。对待好学生，我温柔、和善，同时又严厉；对待顽皮的学生，我会更加温柔，耐心地劝解他们，让他们感受到知识的魅力，并爱上我教的学科，从此向好学生的方向迈进……

一觉醒来，我不由得惋惜：这要是真的那该多好啊！没关系，不论是在梦的世界里，还是在现实的世界中，我将继续走我的梦想之路！

对于这样的文章，我给予了肯定，因为孩子写了自己的梦想，没有面面俱到，对于这个梦想，小作者从梦想由来、如何实现梦想、梦想实现时的情景等多角度加以描写，这样文章就显得丰满生动起来。

对于六年级的孩子来说，作文素材的积累比较丰富，当材料都是"梁山好汉"时，克服话题作文时"贪大求全"的心理更为重要。俗话说，"弱水三千只取一瓢饮"，而对于这"一瓢饮"则要学会多角度描写，这样才能以一当十，用"一瓢饮"映出整个"河流"的美丽。

55

"添枝加叶"让细节有画面

很多孩子认为写不出好文章的原因是自己的经历太平凡了，他们总希望能遇到大家从来没有听说过的事，或是能收获一个稀有的好素材，这样才能写出震撼人心的好文章。

我告诉他们，这是一种误解，大多数作家的人生也未必是轰轰烈烈的。同样是写父爱，很多人写得乏善可陈，而朱自清就能从父亲送别自己的一个背影写起，缓缓道来，动人心弦，用细节征服了读者，成为了脍炙人口的名篇。因此，文章的震撼力，很多时候并不是靠宏大叙事来打动人，而是靠散落在文章里的细节描写来感染人，而这非常考验写作者的水平。

巴尔扎克就曾说，"当一切的结局已准备就绪，一切情节都已经过加工，这时，再前进一步，惟有细节将组成作品的价值"。那么，如何在作文中写好细节呢？学生们又觉得这是一个难题。我笑着告诉他们，数学里有"加法"，语文也能用上"加法"，而且，数学中的"加法"只是一个量变的过程，而作文中运用"加法"却是一个由量变到质变的过程。要让作文真实感人、事件描述生动和人物形象丰富，最重要的方法便是加入细节，但单个的细节太单薄，没有足够的表现力，必须加入多个细节才能使事件生动，人物形象丰富。用好"加法"，绝对能让你的作文脱胎换骨，让人眼前一亮。

课上，我给孩子们放了一段公益广告视频，让他们表述其中的细节。一个孩子说："广告视频里展现的是儿子端来一盆水，给妈妈洗脚的情景。"我立刻把这句话记录了下来。

原句：儿子端来一盆水，给妈妈洗脚。

接着，我就带着大家根据看到的视频场景，一起做起"加法"来——

添加语言描写：儿子端来一盆水，奶声奶气地说："妈妈，洗脚！"

添加动作描写：儿子正吃力地端着满满的一盆水向前走来，那纤弱的小手显然难以承受水的重量，可他依然固执地用双手紧紧握住盆边，背向后弯，肚向前顶，用胸口抵住水盆，努力地维持着身体和水盆的平衡，就像一只刚爬出蛋壳的小鸭子般，左右摇晃，步履蹒跚。终于来到母亲的跟前，他奶声奶气地说："妈妈，洗脚！"

添加神态描写：儿子正吃力地端着满满的一盆水向前走来，那纤弱的小手显然难以承受水的重量，可他依然固执地用双手紧紧握住盆边，背向后弯，肚向前顶，用胸口抵住水盆，努力地维持着身体和水盆的平衡，就像一只刚爬出蛋壳的小鸭子般，左右摇晃，步履蹒跚。终于来到母亲的跟前，分不清是水还是汗顺着他额头流到下巴，他却毫不在意，一脸孩子气地笑着，奶声奶气地说："妈妈，洗脚！"那满脸的喜悦，仿佛正在做一件伟大的事。

添加心理描写：儿子正吃力地端着满满的一盆水向前走来，那纤弱的小手显然难以承受水的重量，可他依然固执地用双手紧紧握住盆边，背向后弯，肚向前顶，用胸口抵住水盆，努力地维持着身体和水盆的平衡，就像一只刚爬出蛋壳的小鸭子般，左右摇晃，步履蹒跚。他想，妈妈辛苦了一天，我要让她泡个脚，这样可以舒坦些。终于来到母亲的跟前，分不清是水还是汗顺着他额头流到下巴，他却毫不在意，一脸孩子气地笑着，奶声奶气地说："妈妈，洗脚！"那满脸的喜悦，仿佛正在做一件伟大的事。

添加场景描写：在昏暗狭窄的楼道那头，儿子正吃力地端着满满的一盆水向前走来，那纤弱的小手显然难以承受水的重量，可他依然固执地用双手紧紧握住盆边，背向后弯，肚向前顶，用胸口抵住水盆，努力地维持着身体和水盆的平衡，就像一只刚爬出蛋壳的小鸭子般，左右摇晃，步履蹒跚。他想，妈妈辛苦了一天，我要让她泡个脚，这样可以舒坦些。水盆左右晃动着，水不断从盆里泼洒出来，晶莹的水花四溅，溅到他稚嫩的小脸上。他却腾不出手来擦一下，任由水从他细小的肩膀滴下，落在手臂和衣服上。终于来到母亲的跟前，分不清是水还是汗顺着他额头流到下巴，他却毫不在意，一脸孩子气地笑着，奶声奶气地说："妈妈，洗脚！"那满脸的喜悦，仿佛正在做一件伟大的事。

就这样，一个画面从一句话开始，不断"添枝加叶"，逐渐丰满。其实，多个细节的组合，实际上就是文学作品的铺陈，铺陈如同诗经中的"赋"，它将一连串内容紧密关联的描写手法不断叠加，并按照一定的顺序组成句群。它既可以淋漓尽致地进行细腻铺写，也可以一气贯注、加强语势，还可以渲染某种环境，又可以渲染某种气氛和情绪，让文章内容更加动人心弦。

我又拿出学生作文一例，让他们用"添枝加叶"法，加入细节，不断积累和渲染感情，让文字缓缓道来，形成感人的画面。

原句：妈妈给我盖被子。

加语言：妈妈给我盖上被子，嘴里轻声念叨着："唉，这孩子，这么大了还要蹬被子。"

加动作：妈妈轻手轻脚地走到床边，缓缓俯身，小心翼翼地把我的手放入被子中，把被子的边缘往上拉了拉，给我覆上了一层温暖，嘴里轻声念叨着："唉，这孩子，这么大了还要蹬被子。"

加神态：妈妈轻手轻脚地走到床边，缓缓俯身，小心翼翼地把我的手放入被子中，把被子的边缘往上拉了拉，给我覆上了一层温暖，嘴里轻声念叨着："唉，这孩子，这么大了还要蹬被子。"我偷偷眯缝着眼望去，发现此刻妈妈的目光是如此温柔，如一汪湖水，包含着那浓得化不开的爱。

加心理：妈妈轻手轻脚地走到床边，缓缓俯身，小心翼翼地把我的手放入被子中，把被子的边缘往上拉了拉，给我覆上了一层温暖，嘴里轻声念叨着："唉，这孩子，这么大了还要蹬被子。"我偷偷眯缝着眼望去，发现此刻妈妈的目光是如此温柔，如一汪湖水，包含着那浓得化不开的爱。刚和妈妈闹了别扭，以为她不会再爱我再理睬我了，没想到妈妈心里还是牵挂着我，我为自己刚才的不懂事而后悔，原来妈妈的爱一直都在，它让我的世界在这寒冬依然春暖花开。

加环境：和妈妈争论了一番，我心情郁闷地上了床，关了灯，这一刻的黑暗笼罩着我，无边无际，仿佛一个牢笼困住了我，我昏昏沉沉地睡着了。妈妈轻手轻脚地走到床边，缓缓俯身，小心翼翼地把我的手放入被子中，把被子的边缘往上拉了拉，给我覆上了一层温暖，嘴里轻声念叨着："唉，这孩子，这么大了还要蹬被子。"我醒了，偷偷眯缝着眼望去，发现此刻妈妈的目光是如此温柔，如一汪湖水，包含着那浓得化不开的爱。刚和妈妈闹了别扭，以为她不会再爱我再理睬我了，没想到妈妈心里还是牵挂着我，我为自己刚才的不懂事而后悔着，原来妈妈的爱一直都在，它让我的世界在这寒冬依然春暖花开。

你看，小小的一个"盖被子"的动作叠加了多种细节描写后，富有画面感，细腻地展现了母爱的温暖和我内心的愧疚、感动。

就在这个"滚雪球"的过程，学生发现了写作的奥妙——通过添加法（添加神态、语言、动作、心理描写，并可适当运用修辞联想，正面描写与侧面描写相结合，调用多种感官），就能让人对其中的细节印象更加深刻，让情感表现更加浓厚感人。有时，不必追求轰轰烈烈的大事，只要写好细节，刻画场景，自己经历的许多小事落在纸上也都充满意义。

我们作为语文老师，就要带着孩子用一双慧眼去发现生活细节，学会在作文中做好"加法"，学会用细节铺陈情感，那么学生的文章就会有画面感，从而能把凡尘琐事表达得精彩动人，让细腻的文字打动人心。

56

"潜在读者"：让表达的意思更具体

"文章不厌百回改""文章频改，功夫自出"，这都说明文章就像艺术品总要经过不断琢磨和雕饰一样，需要反复修改。但不论老师如何反复强调改的重要性，不少孩子还是不会改或懒得改，发下去要求修改的作文往往只是改掉一两个错别字便交差了事。

你看，我们班这位学生写的春游习作《又是樱花烂漫时》片段：

> 三月的天空万里无云，到了鼋头渚，真是人山人海呀。我们迫不及待地跑进樱花树之间，欣赏樱花。这些樱花真是漂亮，一朵朵争奇斗艳，随风摇曳。再看那樱花的颜色，也好美啊！朵朵娇嫩动人，惹人喜爱。我走近樱花，迎面扑来了阵阵清香。

虽然这个片段语句通顺，也基本能够抓住景物的特点来写，但并不够生动具体。当我把作文本退给这个女孩时，她愁容满面，念叨着："老师，我觉得没啥可改啦！什么都写到了呀！"

真的没什么可改了吗？当然不是。那么为什么孩子觉得无从改起呢？其实，他们都有一种"为教师作文"的心理。

我首先要帮助学生打破这种心理。我告诉这个孩子，任何一篇文章，你的心中都有一个"第一读者"，而老师只是作文的"第二读者"。我让孩子把"第一读者"的姓名及其与自己的关系写在习作题目的左上角。让她边写边想，如果写给这个"读者"看，还有哪儿没有写明白，这个"读者"还想知道些什么，借以不断提示孩子增强"对象感"。

孩子想了想说，我想写给妈妈看，因为她那天没去看樱花，她一定想知道樱花到底怎么漂亮，还有樱花的颜色到底有多美、味道有多香。

我笑着点头称她说得好，并告诉她，这就是一个改作文的秘诀。写完后，替你的"第一读者"想一想他们读后的感受，就会明白自己该如何改，下次写作自己还需要注意什么。

其实，叶圣陶先生教自己孩子写作文就是采用了类似方法，他从不讲解写作方法之类的东西，只是要求其子女每天写一点东西。至于写什么也不加任何限制，喜欢什么就写什么。他让孩子把写的东西朗读给自己听，从不轻易说"写得好"与"写得不好"之类的话，说得比较多的是"我懂了"和"我不懂"。如若叶老说："这是什么意思呀？我不懂。"其子女就得调遣词语或重新组织句子，尽力让父亲听明白，直至叶老说"噢，原来是这么一回事，我懂了"时再继续读下去。这就是"读者效应"。可见，"读者意识"增强，习作就有更加明确的修改目的。因为，写作者一般都很关心来自读者的肯定或意见，这样一来，写作时就会全力以赴，尽力发挥自己的最高水平。

果然，经过孩子从"读者"角度反思后，原来短短的一段描写，被修改得颇为具体生动：

> 三月的天空万里无云，到了鼋头渚，赏花的人可真是人山人海呀！刚走近樱花，甜甜淡淡的花香便扑面而来。据说樱花是色、香都很淡的花，但是一旦盛开，则较桃花更艳，较梅花更芳醇，果然如此啊！
>
> 我们迫不及待地跑进樱花树之间，欣赏美丽的樱花。这些樱花有的挺立枝头，含苞待放；有的笑逐颜开，开心地迎接春光的到来。此刻的我，情不自禁地抓住几朵樱花，仔细观赏起来。一簇簇红樱花，红得像朝霞似的；一团团白樱花，洁白如朵朵小白云，又有红色花蕊点缀其中，好像白绸子上嵌着无数颗粉红的宝石；那浅粉红色的，像女孩子害羞的红脸颊。虽然樱花颜色不一，但却朵朵娇嫩动人，惹人喜爱。已经盛开的花儿粉嘟嘟红艳艳，花瓣层层叠叠，一朵簇拥着一朵，形似酒杯，米黄色的花蕊从花瓣中探出小脑袋，如同一个个好奇的孩子悄悄地探视着外面精彩的世界。衬托着樱花的绿叶在一旁随风飘荡，似乎在静静地观赏着这一优美的风景画。
>
> 一阵微风突然吹来，花瓣悄然落下，它们随风飘荡，在天空中漫天飞舞，这是一个樱花的海洋，樱花的世界。在这美丽的樱花雨中，我仿佛也

成了一位樱花仙女，与小伙伴们跳着欢快的舞蹈。

此时的文字因为有了读者，就有了生命力，孩子的反思修改成了一种自我提升，她已经学会跳出自己的文章来重新审视自己的文章，发现不足后有了修改的方向，将樱花的香味、形态、颜色的美，描写得细腻生动，再加上恰当的修辞和想象，呈现了一幅美丽的春景图。

"写作是运用书面语言进行表达和交流的重要方式"，可见，写作是一种交流、传播和对话的过程。如今，学生在课堂上写作文，大多有"写给老师看"，"应付差事"的想法。其实，与作家的作品一样，孩子们的习作也是用文字来"表达"和"说出"，也是为了与人"交流"与"沟通"，也应该非常在意阅读者的反馈和评价。因此，我们应该在作文修改时培养他们的"读者意识"——"我的作文是写给某人看的"，赋予习作更多的社会交际方面的功能，使他们学会发现自己习作成功与失败的原因，在下一回的练笔中进一步思考要怎样写得更好。如此一来二去，不知不觉间，其作文水平就会因"读者意识"的影响而慢慢得到提高。

57

"外显读者"：让表达的动力更持久

翻开学生的作文簿，你会发现老师们辛辛苦苦、字斟句酌的"劳作痕迹"——红圈、线条遍布，既有眉批，又有总批，可谓"万里江山一片红"。可这些精批细改过的作文发下去后，学生并不领情，粗略地翻看一下，就合上本子了，很少有学生去细细领会、揣摩那些老师的修改。对此，我们不得不反思，这真的是我们评改作文的目的吗？

在我看来，我们应该改变老师一人批改、评讲习作的模式，因为当学生作文的交流对象只限于教师一人时，久而久之，他们往往会对作文失去兴趣。

到了六年级，我试着让学生互阅互改作文，促使他们形成读者意识，互学共进，从而提高作文的修改水平。但是，学生一开始接触这种评改方式，并不能掌握其中的窍门，大都仿照教师平时给他们的评语来批改同学的作文，针对性不太强，效果并不理想。

其实，学生互改作文，并不意味着老师撒手不管，而是需要老师认真组织，严格检查，细心调阅，使老师原有的劳动过程融化到学生的共同活动中去。作文评讲课上，我进行了指点——每个学生人手一本作文，十分钟读文，十分钟纠正错别字与标点符号，十分钟斟词酌句，十分钟对照题意，全面衡量，写下批语，五分钟交于组长检查，找出好的典型。

第二堂课，前二十分钟由每组选念好的文章。后二十分钟老师综合评讲，学生配合作答。这样，老师便能做到胸中有全局，手中有典型，有的放矢，以点带面。最后五分钟，各人的文章反馈到各自手里，再作一次细阅，进行最终的自行修改。

一般情况下，两堂作文评讲课，圆满结束。这样做，既有利于老师——改缠手活为速战速决，也有利于学生——让孩子在参与、实践中提高。孩子们互相评改对方的习作，无形中也开阔了视野，扩宽了思路，能从中悟出一些作文诀窍，在构思、选材、表达和写作时会考虑到读者的反应，"读者意识"也会逐步增强。

还有没有更好的评改方法？我在实践中又有了新发现。

一次，看到其他班级的老师把每位学生的作文放在教室里，学生可以任意取看，自由评说，互相交流，这种评改作文的方式让我眼前一亮。它突破了传统作文教学狭隘的评阅空间，将教室转变为促进学生"读者意识"培养的交互平台，真是有不少可取之处。

在轻松的氛围里，通过看原文、听评点，体会别人的谋篇布局，逐渐领悟作文的奥妙，取得了"润物细无声"的效果，避免了灌输写作方法的枯燥乏味。在一定程度上，也使学生的写作心理得到调整：在互看作文时，欣赏到比自己的更优秀的作文，他们会在潜意识中加以比较，学习他人之长；如果发现自己的作文优于其他人，则自豪感油然而生，写作信心增强了。

但是，每次作文都进行展示是件不太现实的事情。此时，我想到了另一个阵地——班级公众号。我曾在五年级时让孩子在班级公众号上"发表"自己的文章，但那都是我挑出来的好作文。如果现在让学生们都把自己的文章上传，并相互之间自由发表评论，让每一篇习作都能得到关注、得到来自多方面的评价，就能够弥补集体评讲、个别辅导不能解决的一些遗憾。

于是，我允许所有的学生都能在公众号上自由"发表"自己的"大作"。果然，孩子对此很感兴趣，一篇篇习作和练笔成了大家相互学习、品评的对象。在这个自由对话的空间里，大家交流着自己的阅读感受，同伴间互评，取长补短，共同提高写作和评价水平；家长给予的评价更是充满着温馨和鼓励，让学生心中扬起写作的快乐风帆；老师的评价，高屋建瓴，能给予学生更多修改作文的方法。

在这样的多维空间里，单一的评价变成了多元的对话，从而增强了学生的"读者意识"，也带来了多元视角，更能启迪思考，更让人愿意说出真心话。

到底效果如何呢？让学生来说话吧——

　　居然有一百多人点击浏览了我的文章，还有"收藏""点赞"和"转发"，谢谢大家的肯定，明天再写一篇，大家等着啊……

　　听了大家的建议，我发现自己的作文中存在许多缺点，有时候真的有点用词不当，我得再好好修改一下。

看其他同学的文章，写得真好，真羡慕啊！我也会努力的！

多方面的回应更能树立学生的"读者意识"，学生收获的不仅是对自己作文的多种评价、文章修改的方向、自己努力的目标，还收获了丰盈的情感体验，他们更愿意去修改自己的作文，更能懂得写作是为了自我表达和与人交流。

学生写作瓶颈的打破，需要我们不断制造"动力系统"。创造"外显读者"，能让学生表达的动力更持久，使他们在循环往复、逐步推进的读与写的成功体验中，在与读者的互动中，真正体会到自身言语存在的现实价值，实现言语生命的终极价值——实现自我。

58
征文脱颖而出的奥秘

小学语文老师基本上都兼任班主任，因此，不管是大队部还是语文组布置的辅导学生完成征文的任务，理所当然地就落到了语文老师的肩上。

我知道，大多数老师都很讨厌征文比赛，一方面，比赛有点主题先行的味道——像"国土资源杯"征文，一看就知道是写"珍惜土地"的文章，"安全征文"一定是提倡校园安全的作文，写来似乎索然无味；另一方面，征文比赛是高水平的较量，学生平时的作文要拿去评比，恐怕就有些上不了档次，老师怎么辅导，的确是个难题。

但写作的心情是很重要的，不管是老师还是学生，别把征文当任务当包袱。心里平和，快快乐乐写作文是第一要务。作为老师，要抓住展示自己辅导才能的机会，也要抓住推出自己学生的机会。作为学生，则要把比赛当作练兵的机会，由此既可以锻炼能力，又可以展示自己。有了这样积极主动的思想，完成征文也就成了有趣的事情，何乐而不为呢？

审题是作文成败的关键。一般的征文都是有主题的，有字数、内容、体裁的要求，因此弄清楚征文的要求很重要。如果你写出的文章根本不符合本次征文的要求，即使你的作文再感人，再华美，也无济于事。

但是写法可以别具一格。老生常谈的文章评委们看多了，他们希望看到不一样的东西，直接表达主题，难免内容空泛、文意散漫。所以，我让孩子选择一个小的角度去写，可以选用不同的体裁，如在市花"杜鹃花"的征文活动中，我们班的孩子用诗歌的形式，把杜鹃花绽放美丽和自己的成长梦想结合起来，让人耳目一新，得到了市二等奖的好成绩。而"国土资源杯"征文，一直是呼吁珍惜土地的老主题，我让学生不要再写空泛的议论文，而是采用他们擅长的童话故事的形式，给自己提供一个充分发挥、具体表现的好舞台，一个学生果然以《五谷兄弟寻母记》的童话故事力拔头筹。读一读，是不是主题鲜明又富有童趣呢？

五谷兄弟寻母记

夜深了，四周静悄悄的，抬头仰望，圆圆的月儿好似一个白玉盘，皎洁的月光撒向大地，把大地照得亮堂堂的。忙碌了一天的小动物们都回家了，大树爷爷也闭上了眼睛，茂密油亮的绿叶下，一对又一对的宿鸟发出一阵接一阵轻轻的鼾声……在这片如同白昼，广袤无垠的大地上，一切都显得那样静谧美好。

忽然，从一个幽暗的角落里传来了一阵窃窃私语。哦，原来是墙角坛子里的五谷兄弟们在说悄悄话。你瞧，谷粒大哥耐不住性子，挠了挠头，疑惑地问弟弟妹妹们："奇怪，为什么主人还不把我们送到温柔的土地妈妈那儿去啊？""是啊，我们都已经在这阴森森的坛子里整整待了一年了。"大豆妹妹立刻喊道。"对呀，对呀……"兄弟姐妹们都一一附和起来。这时，麦粒、高粱、玉米不约而同地提议道："我们明天就出发，找一找先前含辛茹苦养育我们的土地妈妈吧！"于是，在谷粒大哥的带领下，五谷兄弟们一个接着一个爬出了坛子，踏上了漫长的旅途，各自去寻找原先哺育过他们的土地妈妈。

谷粒大哥按捺不住内心的兴奋，他边走边唱，哼着小曲，蹦蹦跳跳地来到了稻田。可是，眼前出现的景象令他惊呆了：原本每到秋天，和煦的秋风微微拂过，稻田里成千上万金黄的稻子一起摇晃着脑袋，似乎喜悦地在向人们报告丰收时节的来临。可如今，原本金黄色的稻田被铲得一干二净，土地也被砌成了水泥地，这儿还建起了一座化工厂。高大的厂房好似一座巍峨的小山，一合抱粗的烟囱管里冒出一股股浓浓的黑烟，这股烟雾在天空中聚集、交织，一团挤着一团，紧密地挨在一起，像一个灰色的大罩子把整个大地罩得灰蒙蒙的，什么也看不清。谷粒大哥不禁咳嗽了几声，大声高喊："土地妈妈，土地妈妈，你在哪儿啊？"这时，传来了一阵沙哑的回音："孩子啊，我被压在化工厂下面，那重重的化工厂使我喘不过气，腰也直不起来了。对不起啊，从今往后我再也不能养育你了，你自己另找一个妈妈吧……"

麦粒弟弟也满怀激动地找到了自己的妈妈，可是在他面前的却是一座豪华舞厅。他清了清嗓子，大声呼喊土地妈妈，突然传出了阵阵呜呜的哭声："孩子，再见了，我已经不能和你在一起了，我的腰实在疼得厉害，那些人整日还不停地在我身上又蹦又跳……"麦粒弟弟听后，沮丧地离开了。

玉米妈妈也没了踪影，现在那里建起了高尔夫球场。高粱也找不到原来的高粱地了，在她眼前耸立着一座大酒店。大豆妹妹也没能找到养育过她的妈妈了，她面对的是一片嘈杂的住宅小区……

五谷兄妹们毫无办法，只得互相告别，依依不舍地离开了。谷粒大哥进了土地毫不肥沃的山沟妈妈的怀抱；玉米只好去找了阳光不充足的森林妈妈；高粱找了气候恶劣的草原妈妈；大豆妹妹只好到了受环境污染的厂区周围散居；麦粒弟弟呢，去了不适合他们生长的海边二姨妈家落户。

五谷兄妹们时常思念自己的亲人，想念着团聚在平原妈妈身边的美好时光。尽管如此，但他们没有气馁，因为他们坚信总有一天能回到自己的土地妈妈身边。

（此文获市"国土资源杯"征文竞赛一等奖）

写作技巧是征文的亮点。常言道："文题善，佳篇成一半。"有了一个好的题目，就好像有了开启灵感之门的钥匙，往往能吸引评委老师，使他们不得不看下去。新颖的结构也是文章的看点。平铺直叙的文章固然不错，但是没有跌宕起伏，容易引起人的审美疲劳。因此，文章结构巧安排，可以使文章增色不少。如，有次征文要求学生围绕"亲情友情"的主题来写，这样的征文往往会落入"同学争吵复合""爸爸送伞""妈妈陪我上医院"的俗套，我们班的孩子另辟蹊径，以《幸福的红耳朵》为题，写了自己经常耳朵红，自认为是有同学或是父母思念所致，显得相当别致。

幸福的红耳朵

有一个美丽的说法——耳朵红了，是有人在思念你。小时候，听到妈妈这样神秘而肯定地说，我便跑到镜子前，将头贴上去，反复细抚红扑扑的双耳，甜蜜地笑着。

是啊，经常红耳朵的我多快乐呀，总是美滋滋地抚摩双耳，很陶醉地想象小伙伴们想我时可爱的样子。我很幸福地享受每一天，每一天都在被人想念的幸福中流走。

进入高年级了，挚友，因搬家而远离我的生活；功课，让我把以前的许多兴趣和爱好都抛之脑后——太多太多我已无法承受。做功课、记笔记、去补习……疲于奔命，以前是让时间带着我走，现在我必须追着时间走。我已经不再相信红耳朵的说法，我应该知道那是一种幼稚可笑并不科学的说法。

一个冬季，我冰冷的手偶然触到耳朵，瞬间感觉那么亲切，那么熟悉。耳朵又热辣辣地红了起来，温暖漫过全身，如同记忆失而复得一般，我想起久违的朋友，是她在思念我吗？挟带一身寒气而来的父亲踩踩冻僵的双脚，笑呵呵递给我一张贺卡——熟悉的笔迹，暖暖的话语，我的朋友还念着我，在遥遥的远方把她的思念寄来。我的眼睛湿润了，而耳朵越发热得厉害……

总是在不凑巧的时间生病，母亲出了远门，感冒似乎纠缠着我，让我感到头沉沉却难以入睡。也许是母女连心吧，一个久违的声音，温暖而甜美，从电话那头响起——"生病了？怎么声音哑哑的，妈妈一定早点回来！"电话这头，我的耳朵又抑制不住红了起来……

也许，从那一刻，我开始相信这个美丽的说法是真的——耳朵红了，是有人在思念。因为我知道——参加考试时双耳发烫，是父母在惦记我；节假日不回老家时双耳发烫，是爷爷奶奶在念叨我；上课回答不上老师的问题时双耳发烫，是旁边爱莫能助的朋友在为我"祈福"；每年假期里双耳发烫，是朋友盯着照片想念我……

红耳朵是幸福的，只缘于我每时每刻都被人思念着。我知道，当我闲暇休息时，想念那些爱我的人们，他们的耳朵也一定红着。

（本文获市"迎春作文"竞赛一等奖）

这篇文章不仅题目出人意料，不落俗套，更运用质朴的语言，表达了对亲情和友情的珍惜，读来令人动容。因此，得到了评委老师的一致好评，获得当届征文比赛的一等奖。

当然要写好一篇征文非一日之功，需要我们平时加强学生的作文训练。正所谓"台上一分钟，台下十年功"，平时就指点学生们多观察，多思考，多阅读，多借鉴，这样他们在征文比赛中才可能有独特灵感的闪现，才可能写出与众不同的佳作。

后　记

　　《教作文有窍门》第一版出版于十年前，没想到，十年后的某天，竟然能收到出版社希望出第二版的邀约。当年的我只是将这些年来自己平时在作文教学中的点滴心得记录下来，却意外地得到许多读者的喜爱，也帮助不少小学语文老师解决了作文教学的难题，这怎不让我感到欢欣？

　　我教学生写作文已经二十多年了，遇到过始终不会写作的孩子，也遇到过文思如泉涌的学生，但是，由不会写到慢慢会写，再到越写越带劲儿的学生更多。我一向认为，作文并不难教。作文之所以难，是因为教之不得当，练之不得法。教作文是需要讲究一点方法的，梁启超先生就曾说过："现在教作文的最大毛病便是不言规矩而专言巧。……文章做的好不好，属于巧拙问题。巧拙关乎天才，不是可以教出来的。如何做成一篇文章，这是规矩范围内的事，规矩是可以教可以学的。合格的作文可教，一流的作文不可教。"

　　的确如此，习作教学仅仅是学生学习写作的基础，写作训练有点像演员演戏，"台上一分钟，台下十年功"，任何人的写作都不是一天两天就能练好的。所以，我们要认识到作文课的主要价值不在于诞生了多少优秀作文，而在于大部分原本不会写的同学通过学习和讨论交流，学会了基本的写作方法，由不会到会，由害怕到不怕。

　　那么，我们要传授给学生的写作方法从哪里来？我觉得，应该先从我们自己的写作实践中来。作为教师，如果我们缺乏写作经验，对写作的体验不深刻，认识不到位，就会导致习作指导上的不得力。所以，我在书中多次谈到"下水文"的作用。如果老师自己都不写作或者懒于写作，那么我们的观察能力、语言表达能力都没有得到很好的历练，"以己昏昏"，怎么能"使人昭昭"？所以，我经常动笔，并将自己的写作体验跟学生交流，学生就特别信服，也乐于接受。

　　我们自己悟得的这些方法，不能生搬硬套地教给孩子。如果对学生的指导不具体、不生动、不形象，就算你使足了功夫、铆足了劲儿，对小学生而言，效果还是不明显。因此，在书中，我不仅仅是在讲写作的技法，更多的是在讲如何深入浅出地用巧妙的方法去引导学生领悟写作的奥妙。如，我通过小游戏——看句子、猜内容，用非常生动有趣的方式，让孩子们明白过渡句的作用和如何才能写好过渡句。再如，我找来刘翔跨栏的视频，通过看视频片段的慢放，让学生了解什么是"慢镜头"，由此引申到作文中如何分解动作，用"慢镜头"的方式来写好细节……让学生在轻松愉悦的氛围有所悟，有所得，作文才不会成为他们的烦心事，作文教学才有效。

　　虽然我在书中将作文教学的方法分成四个年段，但在我看来，作文是没有年级之分的。一年级与六年级，甚至是初中、高中的作文都可以写同样的题目，区别只是在于表达的深度。我只是根据自己的学生在不同年段出现的普遍问题，寻求解决的思路，介绍相应的方法。从三年级作文轻松起步，到四年级由段到篇的过渡，再到五六年级让作文升级、写出新意，孩子们的作文能力是螺旋上升，逐步提高的。学生之所以觉得习作难，是因为他们常常觉得没啥可写（没素材），不会写（不会表达），不会改（不会修改）。我想，如果我们能在孩子不同的年龄段，针对他们的习作困惑，加以点拨，同时给予习作技法的指导、渗透，那么我们将会指引他们顺利走上轻松写作的道路。

　　让孩子不再视写作为难事，由无话说变成有话说，由不会写变成会写，由用词贫乏变成行文流畅，由千篇一律变成百花齐放——在如此目标的感召下，我在平凡、有趣的作文教学中实践着。如今，我再次执笔，在第一版书稿的基础上，将十年间自己在作文教学中新的实践和收获增添进来，希望这本书依然能得到大家的认可和喜爱！

　　最后，感谢华东师范大学出版社，让我的文字有了"被看见"的机会；感谢我的读者，你们的支持让我的写作之路充满了信心；也感谢我的家人，是你们的陪伴让我对自己的工作永远保持着百分百的热情。

　　是为后记。

崔　蕾

图书在版编目（CIP）数据

教作文有窍门：作家老师的 58 个建议 / 崔蕾著 . —2 版 .
—上海：华东师范大学出版社，2024
ISBN 978-7-5760-4900-8

I. ①教 ... II. ①崔 ... III. ①作文课—教学研究—小学 IV. ① G623.242

中国国家版本馆 CIP 数据核字（2024）第 078125 号

大夏书系 | 作文教学

教作文有窍门：作家老师的 58 个建议（第 2 版）

著　者　　崔　蕾
责任编辑　任红瑚
责任校对　杨　坤
封面设计　百丰艺术

出版发行　华东师范大学出版社
社　　址　上海市中山北路 3663 号　邮编　200062
网　　址　www.ecnupress.com.cn
电　　话　021-60821666　行政传真 021-62572105
客服电话　021-62865537
邮购电话　021-62869887
地　　址　上海市中山北路 3663 号华东师范大学校内先锋路口
网　　店　http://hdsdcbs.tmall.com/

印 刷 者　北京季蜂印刷有限公司
开　　本　700×1000　16 开
印　　张　14
字　　数　200 千字
版　　次　2024 年 5 月第二版
印　　次　2024 年 5 月第一次
印　　数　5 100
书　　号　ISBN 978-7-5760-4900-8
定　　价　59.80 元

出 版 人　王　焰

（如发现本版图书有印订质量问题，请寄回本社市场部调换或电话 021-62865537 联系）